200

recetas de pan

200

recetas de pan

BLUME

Joanna Farrow

BLUME

Título original:
200 Bread recipes

Traducción:
Olga Usoz Chaparro

Revisión técnica de la edición en lengua española:
Eneida García Odriozola
Cocinera profesional
(Centro de formación de cocineros y pasteleros de Barcelona Bell Art).
Especialista en temas culinarios

Coordinación de la edición en lengua española:
Cristina Rodríguez Fischer

Primera edición en lengua española 2010
Reimpresión 2011 (2)

© 2010 Naturart, S.A. Editado por BLUME
Av. Mare de Déu de Lorda, 20
08034 Barcelona
Tel. 93 205 40 00 Fax 93 205 14 41
e-mail: info@blume.net
© 2009 Octopus Publishing Group, Londres

I.S.B.N.: 978-84-8076-904-4
Depósito legal: B. 28093-2011
Impreso en Tallers Gràfics Soler, S.A.,
Esplugues de Llobregat (Barcelona)

WWW.BLUME.NET

En las recetas que se presentan en este libro se utilizan medidas
de cuchara estándar. Una cucharada sopera equivale a 15 ml;
una cucharada de café equivale a 5 ml.

El horno debería precalentarse a la temperatura requerida;
siga siempre las instrucciones que marca su horno.

Las autoridades sanitarias aconsejan no consumir huevos crudos. Este libro
incluye algunas recetas en las que se utilizan huevos crudos o poco cocinados.
Resulta recomendable y prudente que las personas vulnerables, tales como
mujeres embarazadas, madres en período de lactancia, minusválidos, ancianos,
bebés y niños en edad preescolar eviten el consumo de los platos preparados
con huevos crudos o poco cocinados. Una vez preparados, estos platos
deben mantenerse refrigerados y consumirse rápidamente.

Este libro incluye recetas preparadas con frutos secos y derivados de los
mismos. Es aconsejable que las personas que son propensas a sufrir
reacciones alérgicas por el consumo de los frutos secos y sus derivados,
o bien las personas más vulnerables (como las que se indican en el párrafo
anterior), eviten los platos preparados con estos productos. Compruebe
también las etiquetas de los productos que adquiera para preparar los alimentos.

Los editores agradecen a Kenwood, Morphy Richards y a Panasonic
por proporcionar las máquinas con las que se ha elaborado el pan de prueba
para las recetas de esta obra.

Este libro se ha impreso sobre papel manufacturado con materia prima procedente
de bosques procedentes de getión responsable. En la producción de nuestros libros
procuramos, con el máximo empeño, cumplir con los requisitos medioambientales
que promueven la conservación y el uso sostenible de los bosques, en especial
de los bosques primarios. Asimismo, en nuestra preocupación por el planeta,
intentamos emplear al máximo materiales reciclados, y solicitamos a nuestros
proveedores que usen materiales de manufactura cuya fabricación esté libre
de cloro elemental (ECF) o de metales pesados, entre otros.

contenido

introducción

introducción

Las panificadoras se han convertido en el «utensilio
de cocina» más popular y ansiado, al producir un pan
recién horneado con sólo darle a un botón, lo que
implica un mínimo esfuerzo por parte del cocinero.
Para los puristas, el proceso de mezclar, amasar
y hornear manualmente es algo que no puede
ser sustituido por una máquina, pero para muchos
cocineros esta máquina es un sueño hecho realidad.
¿Qué hay mejor que poder programar un pan recién
salido del horno que esté listo bien para la hora
del desayuno o a lo largo del día, como tentempié
o sándwich que acompañe a la comida principal?

En este libro se incluye una completa variedad de
recetas, desde panes básicos hasta panes dulces y
salados, o sin gluten, y pastitas de té y pasteles. Incluye
ideas para elaborar masas a máquina, que se pueden
rellenar, moldear y hornear de forma convencional,
ampliando así la deliciosa variedad de los increíbles
panes que se pueden elaborar con esta máquina.

ingredientes

La mayoría de los ingredientes que se utilizan para
hornear en panificadoras son los mismos que los
que se emplean para la elaboración de pan manual,
aunque el que utilice levadura necesitará otro tipo
de máquina.

levadura

Utilice la levadura de acción rápida o una fácil
de mezclar. Este tipo de levadura, disponible en
sobrecitos de 7 g o en bolsitas pequeñas, ha sido
diseñada para que se mezcle directamente con
el resto de los ingredientes del pan. (Las levaduras

frescas y secas deberán fermentar en líquidos antes de ser añadidas al resto de los ingredientes). Es importante utilizar la cantidad de levadura que se especifica en las recetas, ya que una cantidad demasiado pequeña evitará que la masa suba, y una cantidad excesiva hará que baje durante el horneado. Guarde la levadura en un lugar fresco y seco para que se conserve durante varios meses.

harinas

Si desea un pan con una textura ligera y esponjosa, deberá utilizar harina de fuerza para pan, la cual se elabora con trigo duro y tiene un alto contenido en gluten. La harina de fuerza de color marrón o la harina integral contienen salvado y germen de trigo, lo que tiene como resultado un pan muy sabroso con una textura menos esponjosa y más fibrosa. Dado que el salvado inhibe la acción del gluten, los panes integrales suben a menor velocidad, por lo que el programa para el grano integral de trigo de la panificadora será más prolongado. Entre otras harinas de trigo, se incluyen la malthouse y la harina con granos de trigo malteado, las cuales contienen una mezcla de harinas blancas e integrales y granos de trigo, lo que tiene como resultado un pan sabroso con un ligero sabor a nueces o almendras y una textura rústica. La harina de espelta es una antigua clase de harina de trigo. Con un menor contenido en gluten, tiene como resultado un pan menos esponjoso pero con un exquisito sabor y puede utilizarse en la mayoría de las recetas en las que

se utiliza harina blanca. Las harinas que no son de trigo, entre las que se incluyen la de cebada y la de centeno, tienen un bajo contenido en gluten y, si no se mezclan con ninguna otra, tienen como resultado un pan de textura más pesada. Si desea un pan más ligero, deberá mezclarlas con harina de fuerza blanca para pan.

harinas sin gluten

Las harinas sin gluten resultan ideales para las personas con intolerancia al gluten. Disponible en supermercados y en establecimientos de comida sana, por lo general, contienen una mezcla de diferentes harinas, como son la de patata, arroz y soja, en proporciones distintas. Algunas han sido especialmente diseñadas para que se utilicen en panificadora y contienen goma natural añadida, lo que ayuda a imitar una textura más parecida a la del pan. Sin embargo, el pan elaborado con harina sin gluten nunca tendrá el mismo sabor que el pan convencional.

azúcar

El azúcar, que sirve para activar la levadura, se puede utilizar en sus distintas formas, desde el azúcar blanquilla, el mascabado, el sirope de arce, la miel o el extracto de malta. Si se requiere una gran cantidad de azúcar, como en el caso de las pastitas de té, se puede utilizar el programa para dulces a fin de que la máquina hornee a una temperatura inferior y evite que el pan se queme por los bordes. No utilice sucedáneos de azúcar.

sal

La sal es esencial en la elaboración del pan, ya que controla la velocidad a la que la levadura fermenta. Utilice como mínimo media cucharadita.

líquidos

Los líquidos siempre deberán añadirse fríos al molde de pan. Los que más se utilizan son el agua y la leche, aunque en ocasiones se añaden otros como son los zumos de fruta, la sidra y el yogur, con objeto de potenciar el sabor. No utilice leche fresca si va a emplear el temporizador, ya que es posible que

la leche se agrie; en su lugar deberá utilizar agua y añadir dos cucharaditas de leche en polvo.

ingredientes enriquecedores

Para enriquecer la masa, podrá añadir mantequilla, aceite, huevo y queso. La mantequilla y el aceite actúan además como conservantes, haciendo que el pan continúe fresco durante más tiempo. Emplee mantequilla muy blanda en lugar de sacarla directamente del frigorífico. Podrá derretirla primero en el microondas. No utilice el programa de temporizador, si utiliza productos lácteos u otros ingredientes perecederos.

hierbas, especias y otros condimentos

Las hierbas cortadas frescas o secas, las especias machacadas o en grano y otros potenciadores del sabor, como la vainilla, el azafrán y las pastas picantes se pueden utilizar para dar un sabor más intenso a la mayoría de los panes básicos. Añádalos

al principio del programa junto con la harina,
si son secos, o a los líquidos si no lo son.

programas de la máquina

Seleccionar el programa adecuado resulta esencial
para obtener los mejores resultados. Los programas
pueden variar según sea la panificadora, pero los
que aparecen en este libro son los más comunes.

básico

Este programa es quizás el más útil y el que más va
a utilizar. Se emplea para los panes blancos básicos o
para aquellos que tienen como ingrediente principal la
harina blanca. Los panes enriquecidos dulces o salados
se pueden elaborar también con este programa.

integral

Los panes elaborados con harinas integrales
requieren precalentarse durante más tiempo para
que el grano absorba el líquido y se expanda, lo que
tiene como resultado un pan más ligero y esponjoso.

horneado rápido

En algunos modelos, este programa puede durar sólo
una hora, lo que resulta útil cuando se ha quedado
sin pan y lo necesita con cierta urgencia. A diferencia
del resto de los programas, el agua (o cualquier otro
líquido) se debe añadir templada para que la levadura
se active rápidamente y acelere la subida. Dado que
el tiempo para que suba es tan corto, deberá utilizar
una mayor cantidad de levadura. La textura de estos
panes es más densa y menos esponjosa, pero el
pan tiene un sabor delicioso. En la mayoría de las
máquinas, este programa dispone sólo de una opción
para el color de la corteza.

dulce

Este programa se utiliza para los pasteles y los panes
que contienen un alto contenido en azúcar. Hornee
a una temperatura ligeramente inferior, a fin de evitar
que el azúcar se queme.

pastel

Utilice este programa para los pasteles, pastitas de
té y panes sin levadura. La mayoría de las máquinas
incluyen un ciclo de mezcla, por lo que lo único que
tendrá que hacer es incorporar los ingredientes al
molde y dejar que la máquina se encargue del resto,
lo que resulta ideal si su horno está ocupado. Debido
a que los diferentes modelos disponen de distintos
tiempos de cocción, deberá comprobar si el pastel
está listo en el momento que indica la receta,
en lugar de esperar a que el programa finalice,
ya que es posible que el pastel se hornee demasiado.
Para comprobarlo introduzca un pincho en el centro
del pastel, deberá salir limpio. Algunas máquinas
para elaborar pan no disponen del ciclo de mezclado

en el programa de pasteles, en cuyo caso deberá mezclar los ingredientes del pastel de la forma convencional, retirar la cuchilla para amasar y colocar la mezcla en el molde para hornear. Consulte primero el manual.

masa

Este es un programa muy útil si lo que desea es darle a los panes un toque personal, moldeando y, a continuación, horneándolos de forma convencional. Resulta también de utilidad para panes a los que añada una gran cantidad de ingredientes adicionales, ya que si los horneara en la máquina no subirían bien. El programa de masas resulta ideal para las bases de pizza, la *focaccia*, los panecillos dulces y las pastitas de té. No deberá retirar la masa de la máquina en cuanto el programa finalice, pero tampoco deberá dejarla en su interior demasiado tiempo, ya que la masa puede subir por encima del molde.

otras funciones

pitido para añadir otros ingredientes

En la mayoría de los modelos, los programas disponen de un pitido que indica cuándo se deben añadir los ingredientes adicionales, como los frutos secos, el queso, las nueces, las almendras, las hierbas, las semillas, entre otros, que no desea que se partan durante el amasado. En algunas máquinas, si está horneando pan o utiliza el programa para masas, deberá activar el modo de pitido, ya que la máquina no pitará de forma automática. Algunos modelos incluyen un dispositivo para añadir pasas o nueces que se puede rellenar de antemano, a fin de que los ingredientes se incorporen a la masa en el momento adecuado del programa. Si su máquina no dispone de esta función, podrá añadir los ingredientes adicionales hacia el final del ciclo de amasado. La mayoría de los manuales le proporcionan un gráfico con las duraciones de los diferentes ciclos, por lo que si no se encuentra en la cocina podrá activar un temporizador que le recuerde cuándo agregar los ingredientes adicionales.

color de la corteza

Las opciones de corteza clara, media u oscura dependerán de sus gustos personales. Seleccione la opción adecuada antes de pulsar el botón de inicio.

temporizador programable

Este programa le ofrece la posibilidad de disponer de pan recién horneado por la mañana, después del trabajo o en el momento en que lo desee. No utilice ingredientes perecederos, como leche, yogur y huevos. Consulte el manual para seleccionar las opciones del temporizador programable.

tamaño del pan

La mayoría de las máquinas para elaborar pan disponen de tres opciones.

- pequeño – 500 g
- grande – 750 g
- extra grande – 1 kg

La mayoría de las recetas de este libro son para panes de 750 g, y tendrá que seleccionar esta opción en el panel de control, antes de pulsar el botón de inicio, porque los tiempos del programa varían ligeramente en función del tamaño elegido.

mantener caliente

La mayoría de los programas disponen de una función para mantener el pan caliente, mediante la cual aire caliente circula de 30 a 60 minutos más, una vez que el pan ha sido horneado. Para obtener los mejores resultados, retire el pan en cuanto esté horneado o al menos dentro del tiempo de la función para mantenerlo caliente, dado que transcurrido ese período se creará condensación en el interior de la máquina y el pan se ablandará.

cómo añadir los ingredientes

Los ingredientes siempre se habrán de añadir en el orden especificado en el manual de su modelo en particular, dado que añadirlos en el orden incorrecto puede resultar un fracaso. En la mayoría de las máquinas, primero van los líquidos, y a continuación, la harina, la levadura y el azúcar, aunque en algunas es al revés y los líquidos se añaden al final. El orden en el que se añaden los ingredientes es de particular importancia cuando se utiliza el temporizador programable o cuando la máquina dispone de un período de reposo antes de que el ciclo de amasado comience, con objeto de que la levadura se mantenga separada de los líquidos.

consejos para obtener buenos resultados

- Mida siempre los ingredientes con precisión. Una cantidad errónea de levadura, líquidos o sólidos tendrá como resultado un pan de mala calidad. Las medidas de levadura deberán ser rasas, mientras que los líquidos que se midan en una jarrita se deberán leer a la altura de los ojos.
- Extraiga el molde de la máquina cuando añada los ingredientes iniciales.
- Si experimenta con una receta nueva, compruebe la consistencia de la masa después de algunos minutos de amasado. En ese momento, podrá añadir (cuidadosamente) un chorrito más de líquido si la masa está seca y la harina se adhiere a los bordes del molde o, en caso de estar muy húmeda, un poco más de harina.

- Se recomienda que los ingredientes adicionales que desee conservar en pedacitos, como pasas, frutos secos, verduras asadas, aceituna y fruta, sean añadidos cuando suene el pitido que indica la adición de otros ingredientes. Si los añade al principio del programa podrán aplastarse, pudiéndose estropear así su sabor y textura.
- Utilice una espátula de plástico para raspar la masa que se haya pegado a las paredes del molde. No utilice nunca un cuchillo ni ningún utensilio metálico, ya que podría dañar la cobertura antiadherente.
- Resístase a la tentación de abrir la tapa una vez que el programa haya comenzado. Una ráfaga de aire frío ralentizará la subida o la cocción y pude tener como resultado un pan hundido. Sin embargo, algunas de las recetas sugieren que se pinte la masa con leche justo antes de hornear y se cierre la tapa con suavidad.
- No todos los panes tienen una corteza abovedada después de ser horneados. Algunas masas enriquecidas, al igual que los panes con bajo contenido en gluten o sin gluten, a menudo tienen un nivel raso o quedan ligeramente hundidos.
- La cuchilla de amasar a menudo se sale del molde junto al pan cuando lo pasa a la encimera. Retire la cuchilla en cuanto esté lo suficientemente fría para manipularla. Si la cuchilla se queda atascada, añada un poco de agua al molde y déjela en remojo durante 5 minutos; transcurrido ese tiempo deberá resultar fácil extraerla. No ponga el molde del pan en el agua de lavar los platos. Lávela con agua tibia y enjabonada y evite el uso de estropajos, dado que dañarían la cobertura antiadherente.

- Si se corta la luz o si la máquina se apaga durante el programa de forma accidental, vuelva a encender la máquina y el programa comenzará de nuevo. Si la máquina permanece apagada durante mucho tiempo, es probable que tenga que comenzar de nuevo o terminar el horneado de la forma convencional.
- Recuerde que al retirar de la máquina el pan cocido es como si lo sacara del horno, por lo que necesitará llevar guantes.
- Las recetas de panes convencionales no se pueden elaborar en una panificadora, dado que contienen proporciones diferentes de levadura, harina y líquidos. Sin embargo, la mayoría de las recetas de masas convencionales se pueden emplear con éxito, siempre que la cantidad de masa no rebase el borde superior del molde.
- Los panes elaborados en una máquina, sobre todo las recetas más básicas, no se conservan muy bien, por lo que se recomienda que se consuman el mismo día de su elaboración.

panes
básicos

pan blanco simple

para **1 pan grande**
tiempo **3-4 horas**, dependiendo
de la máquina

275 ml de **agua**
30 g de **mantequilla sin sal**,
ablandada
1 cucharadita de **sal**
475 g de **harina de fuerza
blanca para pan**, más un poco
para espolvorear
2 cucharaditas de **azúcar
blanquilla**
1 ¼ cucharaditas de **levadura
seca de acción rápida**

Levante y extraiga el molde de pan de la máquina, ajuste
la cuchilla e incorpore los ingredientes al molde, siguiendo
el orden que se especifica en el manual.

Encaje el molde en el interior de la máquina y cierre
la tapa. Seleccione la opción del tamaño del pan de 750 g
del programa de pan blanco básico, y la opción que desee
para la corteza.

Finalizado el programa, levante y extraiga el molde de la
máquina y desmolde el pan sobre una rejilla. Espolvoree
la superficie con la harina extra y espere a que se enfríe.

Para preparar un pan de dos piezas con semillas añada
al molde 300 ml de agua, 2 cucharadas de aceite de girasol,
1 ½ cucharaditas de sal, 3 cucharadas de cada uno de
los siguientes ingredientes, semillas de sésamo, pipas
de girasol y linaza, 475 g de harina de fuerza blanca para
pan, 1 cucharadita de azúcar blanquilla y 1 ¼ cucharaditas
de levadura seca de acción rápida, siguiendo el orden que
se especifica en el manual. Ajuste el molde en el interior de la
máquina, cierre la tapa y seleccione el programa para masas.
Finalizado el programa, vuelque la masa sobre una superficie
enharinada y corte un cuarto. Forme dos círculos con los dos
pedazos de masa y coloque el más grande sobre una bandeja
de horno engrasada. Coloque encima el círculo más pequeño
y presione con el mango de una cuchara de palo enharinada
ambas masas. Cúbralas sin presionar con plástico transparente
impregnado en aceite y deje que suba en un lugar cálido
hasta que prácticamente haya doblado su tamaño. Precaliente
el horno a 220 °C y hornee durante 25 minutos hasta
que se dore. Páselo a una rejilla y deje que se enfríe.

pan de avena y suero de leche

para **1 pan grande**
tiempo **3-4 horas**, dependiendo
de la máquina

125 ml de **agua**
175 ml de **suero de leche**
1 ½ cucharaditas de **sal**
425 g de **harina de fuerza
blanca para pan**
50 g de **harina de avena** fina
o media, más un poco para
espolvorear
1 ½ cucharaditas de **azúcar
blanquilla**
1 ¼ cucharaditas de **levadura
seca de acción rápida**
leche, para pintar

Levante y extraiga el molde de pan de la máquina, ajuste
la cuchilla e incorpore los ingredientes al molde, siguiendo
el orden que se especifica en el manual.

Encaje el molde en el interior de la máquina y cierre
la tapa. Seleccione la opción del tamaño del pan de 750 g
del programa de pan blanco básico y la opción que desee
para la corteza.

Justo antes de comenzar a hornear, pinte ligeramente
la superficie de la masa con leche, espolvoree con la harina
de avena extra y cierre la tapa con suavidad.

Finalizado el programa, levante y extraiga el molde de la
máquina y desmolde el pan sobre una rejilla para que se enfríe.

Para preparar torrijas con yogur, fresas y miel, corte
4 rebanadas gruesas de pan. Bata 2 huevos en un plato
con 3 cucharadas de leche. Coloque las rebanadas
de pan en la leche y deje que empapen durante 5 minutos.
Espolvoree 2 cucharadas de azúcar blanquilla en un plato
y mézclelas con ¼ de cucharadita de canela molida. Caliente
15 g de mantequilla sin sal en una sartén grande con
1 cucharada de aceite de oliva suave y fría a fuego lento
las rebanadas de pan, dándoles la vuelta una vez para
que se doren por ambos lados. Rebócelas en el azúcar con
la canela y sírvalas cubiertas de yogur griego, fresas y miel.

pan de harina con granos
de trigo malteado

para **1 pan grande**
tiempo **3 horas y 30 minutos-
5 horas**, dependiendo
de la máquina

300 ml de **agua**
30 g de **mantequilla sin sal**,
ablandada
1 ½ cucharaditas de **sal**
500 g de **harina con granos
de trigo malteado**
1 cucharada de **azúcar moreno**
1 ¼ cucharaditas de **levadura
seca de acción rápida**

Levante y extraiga el molde de pan de la máquina, ajuste
la cuchilla e incorpore los ingredientes al molde, siguiendo
el orden que se especifica en el manual.

Encaje el molde en el interior de la máquina y cierre
la tapa. Seleccione la opción del tamaño del pan de 750 g
del programa para pan integral, y la opción que desee
para la corteza.

Finalizado el programa, levante y extraiga el molde de la
máquina, y desmolde el pan sobre una rejilla para que se enfríe.

Para preparar un pan de trigo doble de rápido horneado
añada al molde 275 ml de leche templada, 25 g de
mantequilla ablandada, 2 cucharadas de sal, 250 g
de harina de fuerza blanca para pan, 225 g de harina de
espelta integral, 2 ½ cucharadas de levadura seca de acción
rápida y 1 cucharadita de azúcar, siguiendo el orden que
se especifica en el manual. Seleccione la opción del tamaño
del pan de 750 g del programa de horneado rápido.

pan de sésamo rápido

para **1 pan grande**
tiempo **1-2 horas**, dependiendo
   de la máquina

275 ml de **agua**
2 cucharadas de **aceite**
   de girasol
1 cucharadita de **sal**
2 cucharadas de **leche en polvo**
2 cucharaditas de **semillas**
   de sésamo
475 g de **harina de fuerza**
   blanca para pan
1 cucharada de **azúcar**
   blanquilla
2 ½ cucharaditas de **levadura**
   seca de acción rápida

para el **acabado**
mantequilla derretida,
   para pintar
semillas de sésamo,
   para espolvorear

Levante y extraiga el molde de pan de la máquina, ajuste
la cuchilla e incorpore los ingredientes de la masa al molde,
siguiendo el orden que se especifica en el manual.

Encaje el molde en el interior de la máquina y cierre
la tapa. Seleccione la opción del tamaño del pan de 750 g
del programa de horneado rápido.

Finalizado el programa, levante y extraiga el molde
de la máquina y desmolde el pan sobre una rejilla. Pinte la
superficie del pan con la mantequilla y espolvoree con algunas
semillas de sésamo extras. Dórelo en el grill, si lo desea.

Para preparar un pan rápido de tres granos prescinda
de la leche en polvo y las semillas de sésamo de la
receta y reduzca el azúcar a 1 ½ cucharaditas. Sustituya
175 g de la harina blanca por harina de pan malteada
y 50 g más de copos de trigo morado. Justo antes de
que el horneado comience, pinte ligeramente la superficie
de la masa con leche y esparza los copos de trigo
extras. Cierre la tapa con suavidad y espere a que finalice
el programa.

chapata

para **2 panes**

tiempo **2-3 horas**, dependiendo de la máquina, más el tiempo de reposo, moldeado y horneado

para los **ingredientes iniciales**
150 ml de **agua templada**
125 g de **harina de fuerza blanca para pan**
¼ de cucharadita de **azúcar blanquilla**
½ cucharadita de **levadura seca de acción rápida**

para el **acabado**
225 ml de **agua**
2 cucharadas de **aceite de oliva**
1 ½ cucharaditas de **sal**
375 g de **harina blanca de fuerza para pan**, más un poco para espolvorear
1 ½ cucharaditas de **azúcar blanquilla**
1 cucharadita de **levadura seca de acción rápida**

Levante y extraiga el molde de pan de la máquina, ajuste la cuchilla e incorpore los ingredientes iniciales al molde, siguiendo el orden que se especifica en el manual.

Encaje el molde en el interior de la máquina, cierre la tapa y seleccione el programa para masa. Apague la máquina antes del segundo ciclo de amasado y deje que la masa repose durante al menos 4 horas.

Finalizado el programa, vuelque la masa en una superficie enharinada y córtela por la mitad (la masa deberá estar muy pegajosa). Con las manos bien enharinadas, forme dos panes, cada uno de 28 cm de longitud, y colóquelos en una bandeja de horno engrasada y enharinada. Déjelo sin tapar en un lugar cálido durante aproximadamente 30 minutos o hasta que su tamaño se haya incrementado en la mitad.

Precaliente el horno a 220 °C y hornee durante 20 minutos hasta que se doren y los panes suenen a hueco al darles golpecitos con las puntas de los dedos. Páselos a una rejilla para que se enfríen y espolvoree con harina.

Para preparar una chapata de hierbas y tomates secados al sol, escurra y corte en rodajas finas los tomates secados al sol en aceite de oliva. Corte en pedazos grandes una mezcla de hierbas frescas (como albahaca, perejil, orégano y tomillo). Elabore la masa en la máquina como se indica en la receta, utilizando el aceite de oliva del tarro de los tomates y añadiendo las rodajas de tomate y las hierbas cuando la máquina pite. Vuelque la masa sobre una superficie enharinada y acabe siguiendo la receta.

pan corona

para **1 pan grande**

tiempo **1 hora y 30 minutos-
2 horas y 30 minutos**,
dependiendo de la máquina,
más tiempo de moldeado,
reposo y horneado

175 ml de **agua**

200 ml de **yogur natural**

1 ½ cucharaditas de **sal**

500 g de **harina de fuerza
blanca para pan sin
blanquear**, más un poco
para espolvorear

2 cucharaditas de **azúcar
blanquilla**

1 ¼ cucharaditas de **levadura
seca de acción rápida**

Levante y extraiga el molde de pan de la máquina, ajuste
la cuchilla e incorpore los ingredientes, siguiendo el manual.

Encaje el molde en el interior de la máquina, cierre la tapa
y seleccione el programa para masa.

Finalizado el programa, vuelque la masa en una superficie
enharinada, extiéndala formando un círculo y haga un
agujero en el centro con las puntas de los dedos. Agrande
el agujero hasta que mida aproximadamente 12 cm de
diámetro y el anillo de masa tenga un diámetro de unos 20 cm.

Pase el pan a una bandeja de horno engrasada y realice
3-4 cortes en la superficie. Engrase el fondo de un cuenco
pequeño y colóquelo en el centro de la masa para que el
agujero permanezca intacto. Cubra ambas masas y el cuenco
con plástico transparente ligeramente impregnado en aceite y
déjelo en un lugar cálido durante aproximadamente 30 minutos
o hasta que su tamaño se haya incrementado en la mitad.

Retire el plástico transparente y el cuenco, espolvoree la masa
con harina, precaliente el horno a 220 °C y hornee durante
20-25 minutos hasta que haya subido del todo, se dore y el pan
suene a hueco. Cúbralo con papel de aluminio después de
15 minutos, si se ha dorado demasiado. Páselo a una rejilla
para que se enfríe.

Para preparar un pan sencillo de masa fermentada, siga
como se indica la receta utilizando agua templada en lugar
de fría y yogur griego en lugar de natural. Aumente la levadura
a 2 ½ cucharaditas y seleccione la opción del tamaño del pan
de 750 g. Antes de que comience, espolvoree la masa con
harina extra. Cierre la tapa y espere a que finalice el programa.

pan de nueces y miel

para **1 pan grande**

tiempo **3 horas y 30 minutos-
5 horas**, dependiendo
de la máquina

100 g de **nueces troceadas**

350 ml de **agua**

3 cucharadas de **miel clara**,
más un poco para rociar

40 g de **mantequilla sin sal**,
ablandada

1 ½ cucharaditas de **sal**

350 g de **harina de fuerza
integral para pan**

150 g de **harina de fuerza
blanca para pan**

1 ¼ cucharaditas de **levadura
seca de acción rápida**

Tueste ligeramente las nueces en una sartén a fuego lento
o en el grill.

Levante y extraiga el molde de pan de la máquina, ajuste la
cuchilla e incorpore los ingredientes al molde, a excepción de
las nueces, siguiendo el orden que se especifica en el manual.

Encaje el molde en el interior de la máquina y cierre la tapa.
Seleccione la opción del tamaño del pan de 750 g del
programa para pan integral y la opción que desee para la
corteza, y añada las nueces cuando la máquina pite.

Finalizado el programa, levante y extraiga el molde de la
máquina y desmolde el pan en una rejilla para que se enfríe.
Antes de servirlo, rocíelo con la miel extra.

Para preparar panecillos de arce y nueces pacanas, tueste
ligeramente 100 g de nueces pacanas cortadas en pedazos
grandes. Elabore el pan como se indica en la receta,
sustituyendo las nueces por nueces pacanas y la miel por
3 cucharadas de sirope de arce. Seleccione el programa
de masa, corte la masa en 8 pedazos y colóquelos ejerciendo
presión en 8 moldes de pan individual de 200 ml. Cúbralos
sin presionar con plástico transparente impregnado en aceite
y espere a que suban en un lugar cálido durante 30 minutos.
Pinte con un poco de sirope de arce, precaliente el horno
a 220 °C y hornee durante 20 minutos hasta que hayan
subido del todo y se doren. Antes de servirlos, rocíelos
con un poco de sirope de arce.

pan de semillas variadas

para **1 pan grande**
tiempo **3 horas y 30 minutos-
5 horas**, dependiendo de la
máquina

para la **masa**
300 ml de **agua**
30 g de **mantequilla sin sal**,
ablandada
1 ½ cucharaditas de **sal**
3 cucharadas de **semillas
de sésamo**
3 cucharadas de **pipas
de girasol**
3 cucharadas de **linaza**
475 g de **harina malthouse**
1 cucharada de **azúcar moreno**
1 ¼ cucharaditas de **levadura
seca de acción rápida**

para el **acabado**
leche, para pincelar
semillas extras, para espolvorear
(opcional)

Levante y extraiga el molde de pan de la máquina, ajuste
la cuchilla e incorpore los ingredientes de la masa al molde,
siguiendo el orden que se especifica en el manual.

Encaje el molde en el interior de la máquina y cierre
la tapa. Seleccione la opción del tamaño del pan de 750 g
del programa de pan integral y la opción que desee para
la corteza.

Justo antes de comenzar a hornear, pinte la superficie
de la masa con un poco de leche, espolvoree con un poco de
semillas extras (si lo desea) y cierre la tapa con suavidad.

Finalizado el programa, levante y extraiga el molde de
la máquina, soltando el pan con una espátula si fuera
necesario, y desmóldelo sobre una rejilla para que se enfríe.

Para preparar bastones de queso con semillas, siga como
se indica en la receta, pero ralle muy fino 40 g de queso
cheddar curado y añádalo a la máquina junto con la harina.
Seleccione el programa para masa y, una vez finalizado,
vuelque la masa en una superficie enharinada y córtela
en 3 pedazos iguales. Deles forma de salchicha de unos
28 cm de longitud y páselos a una bandeja de horno
engrasada, dejando espacio suficiente alrededor para que
suban. Cúbralos, sin presionar, con plástico transparente
impregnado en aceite y déjelos en un lugar cálido durante
aproximadamente 30 minutos o hasta que su tamaño se haya
incrementado en la mitad. Con un cuchillo enharinado realice
cortes diagonales en la superficie de cada bastón, precaliente
el horno a 200 °C y hornee durante 15-20 minutos hasta que
suban y se doren. Páselos a una rejilla para que se enfríen.

pan integral al estilo Boston

para **2 panes pequeños**
tiempo **1 hora y 30 minutos-
2 horas y 30 minutos**,
dependiendo de la máquina,
más tiempo de moldeado,
reposo y horneado

250 ml de **leche**
5 cucharadas de **jarabe
de melaza**
1 cucharadita de **sal**
175 g de **harina de fuerza
integral para pan**
175 g de **harina de fuerza
blanca para pan**, más un poco
para espolvorear
50 g de **harina de centeno**
50 g de **harina de maíz**
1 ¼ cucharaditas de **levadura
seca de acción rápida**

Levante y extraiga el molde de pan de la máquina, ajuste
la cuchilla e incorpore los ingredientes al molde, siguiendo
el orden que se especifica en el manual.

Encaje el molde en el interior de la máquina, cierre la tapa
y seleccione el programa para masa. Lave bien dos latas
vacías de 800 g de tomate, de patata nueva, o cualquier otra
lata grande. Colóquelas en una bandeja de horno y engrase
y forre las latas al igual que haría con un molde para pasteles.

Finalizado el programa, vuelque la masa en una superficie
enharinada y córtela por la mitad. Forme dos bolas con
cada trozo de masa e introdúzcalas en las latas. Cúbralas
sin presionar con plástico transparente impregnado en aceite
y espere a que suban en un lugar cálido durante 40 minutos
o hasta que la masa alcance la parte superior de las latas.

Precaliente el horno a 200 °C y hornee durante 25 minutos.
Retire las latas y golpee las bases. Si el pan suena a hueco
estará listo. En caso contrario, vuelva a meterlos en el horno
un poco más de tiempo (pero sin volver a introducirlos en
las latas). Páselos a una rejilla, espolvoree las superficies
con un poco de la harina de pan blanca extra y espere a que
se enfríen.

Para preparar pan afrutado al estilo Boston, trocee en
pedazos grandes 75 g de ciruelas secas o dátiles deshuesados.
Elabore el pan con el programa integral, un tamaño del pan
de 750 g y la opción de corteza que desee. Añada los dátiles
o las ciruelas secas cuando la máquina pite.

pan de muesli para el desayuno

para **1 pan extra grande**
tiempo **3-4 horas**, dependiendo
de la máquina

300 ml de **zumo de manzana**
1 **huevo** grande, batido
25 g de **mantequilla sin sal**,
ablandada
1 ½ cucharaditas de **sal**
2 cucharadas de **leche en polvo**
1 cucharadita de **surtido de
especias molidas**
125 g de **muesli con frutas**,
más un poco para espolvorear
425 g de **harina de fuerza
blanca para pan**
50 g de **azúcar mascabado
claro**
1 ¼ cucharaditas de **levadura
seca de acción rápida**
50 g de **pasas**
leche, para pincelar

Levante y extraiga el molde de pan de la máquina, ajuste
la cuchilla e incorpore los ingredientes al molde, a excepción
de las pasas, siguiendo el orden que se especifica en el manual.

Encaje el molde en el interior de la máquina y cierre la tapa.
Seleccione la opción del tamaño del pan de 1 kg del programa
de pan blanco básico y la opción que desee para la corteza.
Añada las pasas cuando la máquina pite.

Justo antes de comenzar a hornear, pinte ligeramente
la superficie de la masa con leche, espolvoree con un poco
de muesli y cierre la tapa con suavidad.

Finalizado el programa, levante y extraiga el molde de la
máquina, soltando el pan con una espátula si fuera necesario,
y desmóldelo sobre una rejilla para que se enfríe.

Para preparar confitura de arándanos frescos, como
acompañamiento del pan, mezcle en una cazuela pequeña
1 cucharadita de harina de maíz con 1 cucharada de
agua. Agregue 100 ml de zumo de naranja o de manzana,
3 cucharadas de azúcar blanquilla y una cucharadita
de extracto de vainilla. Caliente a fuego lento sin dejar de
remover hasta que espese ligeramente. Añada 200 g
de arándanos congelados o frescos y cueza a fuego lento
durante 1-2 minutos, hasta que los arándanos se ablanden
y revienten. Viértala templada o fría con una cuchara sobre
el pan y cúbrala con yogur griego.

pan de carvi y centeno de horneado rápido

para **1 pan grande**
tiempo **1-2 horas**, dependiendo
de la máquina

200 ml de **agua** templada
200 ml de **yogur griego**
1 ½ cucharaditas de **sal**
1 cucharada de **carvi**
325 g de **harina de fuerza
blanca para pan**
175 g de **harina de centeno**
1 cucharada de **azúcar
blanquilla**
2 ½ cucharaditas de **levadura
seca de acción rápida**

Levante y extraiga el molde de pan de la máquina, ajuste la cuchilla e incorpore los ingredientes al molde, siguiendo el orden que se especifica en el manual.

Encaje el molde en el interior de la máquina y cierre la tapa. Seleccione la opción del tamaño del pan de 750 g del programa de horneado rápido.

Finalizado el programa, levante y extraiga el molde de la máquina y desmolde el pan sobre una rejilla. Espolvoree la superficie con la harina extra y espere a que se enfríe. Sírvalo en rebanadas finas.

Para preparar un sándwich tostado de trucha ahumada y centeno, mezcle 50 g de queso crema con 75 g de trucha ahumada sin piel y sin espina y 1 cebolleta cortada en pedazos pequeños. Mezcle 1 cucharada de aceite de infusión de chili con ¼ de cucharadita de azúcar blanquilla y 1 cucharadita de vinagre de vino. Tueste ligeramente dos rebanadas del pan de centeno y haga un sándwich con la mezcla de la trucha, un puñado de hojas de berro y el aliño.

brioche

para **1 pan**

tiempo **1 hora y 30 minutos-
2 horas y 30 minutos,**
dependiendo de la máquina,
más tiempo de moldeado,
reposo y horneado

3 **huevos**, batidos
75 g de **mantequilla sin sal**,
ablandada
¼ de cucharadita de **sal**
250 g de **harina de fuerza
blanca para pan**
25 g de **azúcar blanquilla**
1 cucharadita de **levadura seca
de acción rápida**
yema de huevo, para glasear

Levante y extraiga el molde de pan de la máquina, ajuste
la cuchilla e incorpore los ingredientes siguiendo el manual.

Encaje el molde en el interior de la máquina, cierre la tapa
y seleccione el programa para masa. Engrase bien un molde
para *brioche* de 750 ml o uno de pan de 1 kg.

Finalizado el programa, vuelque la masa sobre una superficie
enharinada y corte un cuarto. Forme una bola con el pedazo
más grande e introdúzcala en el molde de brioche. Haga
un agujero ancho y profundo con los dedos, forme otra bola
con el resto de la masa e introdúzcala presionando suavemente
en al agujero. (Si utiliza un molde de pan, haga un óvalo
con la masa e introdúzcala en el molde).

Cúbralo sin presionar con plástico transparente impregnado
en aceite y déjelo en un lugar cálido hasta que su tamaño se
haya prácticamente duplicado. Precaliente el horno a 220 °C
y hornee durante 20-25 minutos o hasta que se dore bien.
(Cubra el pan con papel de aluminio, en caso de que la corteza
se dore demasiado.)

Después de hornear deje el pan en el molde durante algunos
minutos y desmóldelo en una rejilla para que se enfríe.

Para preparar bollitos de brioche con chocolate, prepare
la masa como se indica en la receta y divídala en 8 pedazos.
Introduzca 15 g de chocolate negro en el centro de cada pedazo
y cúbralo con la masa. Colóquelos separados en una fuente
de hornear engrasada. Cúbralos sin presionar con plástico
transparente impregnado en aceite y póngalos en un lugar cálido
hasta que su tamaño se haya prácticamente duplicado. Glasee
y hornee, como se indica en la receta, durante 15 minutos.

pan de cebada malteada y dátiles

para **1 pan grande**
tiempo **2 horas y 45 minutos-
3 horas y 15 minutos,**
dependiendo de la máquina

250 ml de **leche**, más 1
cucharada para pincelar
5 cucharadas de **almíbar
de dátiles** o **extracto de
cebada malteada**
25 g de **mantequilla sin sal**,
ablandada
1 cucharadita de **sal**
325 g de **harina de cebada**
150 g de **harina de fuerza
blanca para pan**, más un poco
para espolvorear
1 ¼ cucharaditas de **levadura
seca de acción rápida**
150 g de **dátiles** deshuesados,
cortados en pedazos
copos de cebada, para
espolvorear (opcional)

Levante y extraiga el molde de pan de la máquina, ajuste
la cuchilla e incorpore los ingredientes al molde, a excepción
de los dátiles, siguiendo el orden que se especifica en el manual.

Encaje el molde en el interior de la máquina y seleccione la
opción del tamaño del pan de 750 g del programa para dulces.
(Si la máquina no dispone de esta opción, utilice el programa
para pan integral.) Agregue los dátiles cuando la máquina pite.

Justo antes de comenzar a hornear, pinte ligeramente
la superficie de la masa con leche, espolvoree con los copos
de cebada (si lo desea) y cierre la tapa con suavidad.

Finalizado el programa, levante y extraiga el molde de la
máquina y desmolde el pan sobre una rejilla para que se enfríe.
Sírvalo untado con mantequilla y mermelada o miel, si lo desea.

Para preparar panes de frutas con especias, añada

2 cucharadas de surtido de especias molidas a las harinas
y seleccione el programa para masas, agregando 150 g
de ciruelas secas deshuesadas o higos secos cortados,
en lugar de los dátiles, cuando la máquina pite. Finalizado el
programa, vuelque la masa sobre una superficie enharinada
y córtela por la mitad. Forme un óvalo con cada pedazo
e introdúzcalos en dos moldes de pan engrasados de 500 g.
Cúbralos sin presionar con plástico transparente impregnado
en aceite y póngalos en un lugar cálido durante 30-40 minutos
o hasta que su tamaño se haya prácticamente duplicado.
Precaliente el horno a 220 °C, hornee durante 20-25 minutos
y vuelque los moldes sobre una rejilla para que se enfríen.

pan de semillas de hinojo, miel y yogur

para **1 pan extra grande**
tiempo **3-4 horas**, dependiendo
de la máquina

200 ml de **agua**
150 ml de **yogur griego**
4 cucharadas de **miel
cristalizada**
30 g de **mantequilla sin sal**,
ablandada
½ cucharadita de **sal**
2 cucharadas de **semillas
de hinojo**, troceadas
en pedazos grandes
500 g de **harina de fuerza
blanca para pan**
1 ¼ cucharaditas de **levadura
seca de acción rápida**

Levante y extraiga el molde de pan de la máquina, ajuste
la cuchilla e incorpore los ingredientes al molde, siguiendo
el orden que se especifica en el manual.

Encaje el molde en el interior de la máquina y cierre la tapa.
Seleccione la opción del tamaño del pan de 1 kg del programa
de pan blanco básico, y la opción que desee para la corteza.

Finalizado el programa, levante y extraiga el molde de la
máquina, soltando el pan con una espátula si fuera necesario,
y desmóldelo sobre una rejilla para que se enfríe.

Para preparar una ensalada de panzanella, con el pan,
ase 4 pimientos cortados en rodajas grandes y sin las
semillas en un chorrito de aceite de oliva hasta que empiecen
a dorarse. Parta 100 g de pan en pedazos del tamaño de
un bocado y espárzalos en una fuente de horno forrada
con papel de aluminio. Rocíe con dos cucharadas de aceite
y póngalos al grill hasta que se doren. Corte en cuatro
pedazos 750 g de tomates sabrosos y tamice las semillas
encima de un cuenco. Presione las semillas y la pulpa
del tamiz para extraer el zumo. Coloque en una ensaladera
los tomates, los pimientos, el pan, un puñado de hojas
de albahaca, una chalota cortada en pedazos pequeños
y una buena cantidad de aceitunas negras. Bata el zumo de
tomate junto con un diente de ajo picado, 4 cucharaditas
de vinagre de vino y sazone abundantemente. Vierta el aliño
en la ensalada y mézclelo bien.

pan de granada y arándanos rojos

para **1 pan grande**
tiempo **3-4 horas**, dependiendo
de la máquina

325 ml de **agua**
2 cucharadas de **aceite de oliva**
1 cucharadita de **sal**
3 cucharadas de **semillas
de granada secas**
125 g de **harina de trigo
sarraceno**, más un poco
para espolvorear
1 cucharadita de **azúcar
mascabado claro**
1 ¼ cucharaditas de **levadura
seca de acción rápida**
75 g de **arándanos rojos secos**

Levante y extraiga el molde de pan de la máquina, ajuste
la cuchilla e incorpore los ingredientes al molde, a excepción
de los arándanos secos, siguiendo el orden que se especifica
en el manual.

Encaje el molde en el interior de la máquina y cierre
la tapa. Seleccione la opción del tamaño del pan de 750 g
del programa de pan blanco básico y la opción que desee
para la corteza. Añada los arándanos desecados cuando
la máquina pite.

Finalizado el programa, levante y extraiga el molde de
la máquina y desmolde el pan sobre una rejilla. Espolvoree
ligeramente la superficie con la harina de trigo sarraceno
extra y espere a que se enfríe. Sírvalo en rebanadas
con queso crema y compota de fruta, si lo desea.

**Para preparar un pan de albaricoque, linaza y trigo
sarraceno**, pique ligeramente 4 cucharadas de linaza
en un molinillo de café que emplee sólo para moler semillas
y especias (o utilice el cuenco pequeño de un robot
de cocina). Elabore el pan como se indica en la receta,
añadiendo ½ cucharadita de canela a la harina y sustituyendo
las semillas de granada por linaza y los arándanos por 100 g
de albaricoques.

panes salados

stromboli de champiñones y mozzarella

para **1 pan**
(unas 8 rebanadas gruesas)
tiempo **1 hora y 30 minutos-
2 horas y 30 minutos**,
dependiendo de la máquina,
más tiempo de moldeado,
reposo y horneado

para la **masa**
225 ml de **agua**
3 cucharadas de **aceite de oliva**
virgen extra
1 cucharadita de **sal**
400 g de **harina de fuerza
blanca para pan**
1 cucharadita de **levadura seca
de acción rápida**

para el **acabado**
250 g de **champiñones de color
castaño**, cortados en rodajas
pequeñas
3 cucharadas de **aceite de oliva
virgen extra**
300 g de **queso mozzarella**,
en lonchas
25 g de **hojas de albahaca**
2 cucharaditas de **pimienta
verde en grano** en salmuera,
enjuagada y escurrida
sal marina, para espolvorear

Levante y extraiga el molde de pan de la máquina, ajuste
la cuchilla e incorpore los ingredientes de la masa al
molde, siguiendo el orden que se especifica en el manual.
Encaje el molde en el interior de la máquina, cierre la tapa
y seleccione el programa para masa.

Entretanto, fría los champiñones en 2 cucharadas de aceite
hasta que se doren y espere a que se enfríen.

Finalizado el programa, vuelque la masa sobre una superficie
enharinada y extiéndala formando un cuadrado de 33 cm.
Coloque las lonchas de mozzarella, las hojas de albahaca y los
champiñones sobre la masa. Pique ligeramente la pimienta verde
en grano y espárzala por encima del relleno con un poco de sal.

Enrolle la masa sin ejercer presión y pásela a una bandeja de
horno engrasada con la unión en la parte de abajo. Pellizque
los extremos para cerrarla. Cúbralo sin presionar con plástico
transparente impregnado en aceite y déjelo en un lugar cálido
durante 30 minutos.

Enharine un pincho o un tenedor de carne y perfore toda
la masa, asegurándose de atravesarla completamente. Rocíe
con el resto del aceite y esparza la sal marina. Precaliente el
horno a 220 °C y hornee durante aproximadamente 25 minutos
hasta que suba y se dore. Sírvalo templado o frío.

Para preparar un *stromboli* de gruyère y alcachofa, prepare
la masa siguiendo la receta. Escurra 275 g de alcachofas
en aceite de oliva y trocéelas en pedazos grandes. Extienda
la masa como antes y esparza 200 g de queso gruyère rallado,
2 dientes de ajo muy picados, la cáscara rallada de 1 limón
y sazone. Termine como indica la receta.

pan de mostaza y eneldo dulce

para **1 pan grande**

tiempo **3-4 horas**, dependiendo
de la máquina

200 ml de **agua**
150 g de **crema agria**
3 cucharadas de **mostaza**
en grano
25 g de **eneldo**, troceado
1 cucharadita de **sal**
500 g de **harina de fuerza**
blanca para pan
2 cucharadas de **azúcar**
blanquilla
1 ¼ cucharaditas de **levadura**
seca de acción rápida

Levante y extraiga el molde de pan de la máquina, ajuste
la cuchilla e incorpore los ingredientes al molde, siguiendo el
orden que se especifica en el manual, añadiendo a los líquidos
la mostaza y el eneldo.

Encaje el molde en el interior de la máquina y cierre
la tapa. Seleccione la opción del tamaño del pan de 750 g
del programa de pan blanco básico, y la opción que desee
para la corteza.

Finalizado el programa, levante y extraiga el molde de la
máquina y desmolde el pan sobre una rejilla para que se enfríe.

Para preparar un paté cremoso de salmón ahumado,
como acompañamiento del pan recién horneado, corte
en pedazos grandes 200 g de salmón e introdúzcalos en
un robot de cocina. Añada 25 g de mantequilla derretida
y enfriada, 1 cucharada de zumo de limón, 100 g de queso
crema y pimienta negra en abundancia. Triture hasta que
la mezcla quede homogénea, raspando las paredes del
cuenco. Páselo a una fuente de servir pequeña y refrigérelo
hasta que esté listo para servir.

pan de pimentón dulce ahumado y chile

para **1 pan grande**

tiempo **3-4 horas**, dependiendo de la máquina

275 ml de **agua**

2 cucharadas de **aceite de oliva**

1 cucharadita de **sal**

1 cucharadita de **pimentón dulce ahumado**

1 **chile rojo** fresco y suave, cortado por la mitad, sin semillas y muy picado

300 g de **harina de fuerza blanca para pan**

150 g de **harina de fuerza integral**

1 cucharadita de **azúcar blanquilla**

1 ¼ cucharaditas de **levadura seca de acción rápida**

50 g de **tomates secados al sol** en aceite, escurridos y troceados en pedazos grandes (opcional)

Levante y extraiga el molde de pan de la máquina, ajuste la cuchilla e incorpore los ingredientes al molde, a excepción de los tomates secados al sol, siguiendo el orden que se especifica en el manual.

Encaje el molde en el interior de la máquina y cierre la tapa. Seleccione la opción del tamaño del pan de 750 g del programa de pan blanco básico, y la opción que desee para la corteza. En caso de utilizar tomates secos, agréguelos cuando la máquina pite.

Finalizado el programa, levante y extraiga el molde de la máquina y desmolde el pan sobre una rejilla para que se enfríe.

Para preparar un pan de chile y cacahuetes con especias, omita el pimentón dulce ahumado y los tomates secados al sol de la receta, sustituya el aceite de oliva por aceite de sésamo y agregue 75 g de mantequilla de cacahuete crujiente y 25 g de coco rallado cremoso. Añada 2 cebolletas muy picadas cuando la máquina pite. Justo antes de comenzar a hornear, pinte la superficie de la masa con leche y espolvoree el chile suave picado. Cierre la tapa con suavidad y espere a que el programa finalice.

chapatas con especias

para **4 chapatas**

tiempo **1 hora y 30 minutos-
2 horas y 30 minutos**,
dependiendo de la máquina,
más tiempo de moldeado,
reposo y horneado

para la **masa**

200 ml de **agua**

3 cucharadas de **aceite de oliva**

1 cucharadita de **sal**

1 cucharada de **semillas
de comino**, ligeramente
machacadas

1 cucharadita de **canela molida**

300 g de **harina de fuerza
blanca para pan**

100 g de **harina de garbanzo**

1 cucharada de **azúcar
blanquilla**

1 ¼ cucharaditas de **levadura
seca de acción rápida**

para el **acabado**

5 cucharadas de **aceite de oliva**

2 **cebollas**, en rodajas finas

3 **dientes de ajo**, picados

400 g de **garbanzos en lata**,
enjuagados y escurridos

1 cucharada de **menta** picada

4 cucharadas de **cilantro** picado

1 cucharada de **zumo de limón**

250 g de **queso haloumi**,
en dados

sal y **pimienta negra**

Levante y extraiga el molde de pan de la máquina, ajuste
la cuchilla e incorpore los ingredientes, según el manual.

Caliente 3 cucharadas de aceite de oliva en una sartén y fría
las cebollas durante 10 minutos. Añada el ajo y, a continuación,
los garbanzos, la menta, el cilantro, el zumo de limón y sazone.

Finalizado el programa, vuelque la masa sobre una superficie
enharinada y divídala en 4 pedazos. Forme un óvalo de unos
22 × 16 cm con cada uno y colóquelos en una fuente de horno
engrasada. Mezcle el queso y los garbanzos y espárzalo sobre
la masa. Dóblela sobre el relleno, de forma que éste siga
visible. Cúbralo con plástico transparente impregnado en
aceite y déjelo en un lugar cálido durante 30 minutos o hasta
que su tamaño se haya incrementado en la mitad.

Realice ligeros cortes en la masa con un cuchillo enharinado
y rocíe el resto del aceite de oliva. Espolvoree sal, precaliente el
horno a 220 °C y hornee durante aproximadamente 20 minutos,
hasta que haya subido y dorado ligeramente. Sírvalo templado.

Para preparar un pan de cebolla y garbanzos con especias,
fría 1 cebolla roja pequeña muy picada en 1 cucharada
de aceite de oliva, 1 cucharada de semillas de comino
ligeramente picadas y 1 cucharadita de canela molida.
Agréguelo al molde de pan junto con 200 ml de agua,
3 cucharadas de aceite de oliva, 1 cucharadita de sal, 300 g
de harina de fuerza blanca para pan, 100 g de harina de
garbanzos, 1 cucharada de azúcar blanquilla y 1 cucharadita
de levadura seca de acción rápida, según el manual. (Añada
las cebollas junto con los líquidos.) Seleccione la opción del
tamaño del pan de 750 g del programa de pan blanco básico.

espiral de gruyère, beicon e hinojo

para **1 pan grande**
(unas 8 rebanadas gruesas)
tiempo **1 hora y 30 minutos-
2 horas y 30 minutos,**
dependiendo de la máquina,
más tiempo de moldeado,
reposo y horneado

para la **masa**
200 ml de **leche**
2 **dientes de ajo**, picados
50 g de **mantequilla sin sal,**
ablandada
1 cucharadita de **sal**
350 g de **harina de fuerza
blanca para pan**
1 cucharadita de **azúcar
blanquilla**
1 ¼ cucharaditas de **levadura
seca de acción rápida**

para el **acabado**
2 cucharadas de **aceite de oliva**
125 g de **beicon ahumado,**
troceado
1 **bulbo de hinojo**, troceado
2 cucharaditas de **semillas
de hinojo**, ligeramente picadas
más un poco para espolvorear
175 g de **queso gruyère**, rallado
pimienta negra

Levante y extraiga el molde de pan de la máquina, ajuste
la cuchilla e incorpore los ingredientes, según el manual.
Añada el ajo y la leche.

Encaje el molde en el interior de la máquina, cierre la tapa
y seleccione el programa para masa.

Caliente el aceite en una sartén y fría a fuego lento el beicon,
el bulbo y las semillas de hinojo durante 10 minutos hasta
que se ablande y se dore. Espere a que se enfríe.

Finalizado el programa, vuelque la masa sobre una superficie
enharinada y extiéndala formando un rectángulo de unos
38 × 30 cm. Esparza el beicon y la mezcla de hinojo a
una distancia de los bordes de 2 cm. Espolvoree con todo
el queso gruyère, menos 15 g, y sazone con pimienta.

Enrolle la masa sin ejercer presión, empezando por el lado
más corto, y pásela a una bandeja de horno grande y engrasada
con la unión en la parte de abajo. Levante uno de los extremos,
retuerza la masa para crear una especie de espiral y repita el
proceso con el otro extremo. Cúbrala con plástico transparente
impregnado en aceite y deje que suba en un lugar cálido hasta
que prácticamente haya doblado su tamaño.

Espolvoree con el resto del queso y las semillas extras.
Precaliente el horno a 220 °C y hornee durante 25 minutos.

Para preparar una espiral de tomate y tapenade, añada a la
masa 2 cucharadas de tomillo picado. Esparza 6 cucharadas
de tapenade de aceitunas negras y 200 g de tomates cherry
partidos por la mitad. Sazone con abundante pimienta negra,
enróllela y cotinúe como se indica la receta.

pan de chocolate y chile

para **1 pan grande**
tiempo **3-4 horas**, dependiendo
de la máquina

250 ml de **agua**
3 cucharadas de **aceite
de girasol**
1 ½ cucharaditas de **sal**
1 ½ cucharaditas de **chiles
secos** picados
½ cucharaditas de **canela
molida**
75 g de **chocolate negro** (con un
85 % de sólidos de cacao),
rallado
1 cucharada de **cacao en polvo**
350 g de **harina de fuerza
blanca para pan**
50 g de **harina de maíz**
2 cucharadas de **azúcar
de melaza**
1 cucharadita de **levadura seca
de acción rápida**

Levante y extraiga el molde de pan de la máquina, ajuste
la cuchilla e incorpore los ingredientes al molde, siguiendo el
orden que se especifica en el manual. Agregue las especias,
el chocolate rallado y el cacao en polvo junto con la harina.

Encaje el molde en el interior de la máquina y cierre
la tapa. Seleccione la opción del tamaño del pan de 750 g
del programa de pan blanco básico, y la opción que desee
para la corteza.

Finalizado el programa, levante y extraiga el molde de la
máquina y desmolde el pan sobre una rejilla para que se enfríe.

**Para preparar un pan con chile y mole de pollo con
especias**, prepare el pan como se indica en la receta,
omitiendo el chocolate y el cacao en polvo y añadiendo
25 g más de harina blanca para pan. Espolvoree 4 muslos
de pollo partidos por la mitad con semillas de comino
ligeramente picadas y sazone. Fríalos en una cacerola
resistente al fuego con 2 cucharadas de aceite vegetal hasta
que se doren. Añada 1 cebolla grande picada y 2 dientes
de ajo picados y fría durante 5 minutos más. En un robot de
cocina triture 40 g de almendras escaldadas con 2 cucharadas
de semillas de sésamo y 15 g de pan blanco desmigajado
hasta que se muela. Agregue 450 ml de caldo de pollo
y añada al pollo 15 g de chocolate negro, un puñado de
cilantro fresco picado y sazone. Llévelo a ebullición y tápelo,
precaliente el horno a 200 °C y hornee durante 50 minutos.
Sirva rebanadas del pan de chile con el mole.

pan de pasas, romero y aceite de oliva

para **1 pan grande**

tiempo **1 hora y 30 minutos-
2 horas y 30 minutos**,
dependiendo de la máquina,
más tiempo de moldeado,
reposo y horneado

325 ml de **agua**

100 ml de **aceite de oliva** virgen
extra

2 cucharaditas de **sal marina**,
más un poco para espolvorear

2 cucharadas de **leche en polvo**

2 cucharaditas de **semillas de
hinojo**, ligeramente picadas

1 cucharada de **romero** picado

600 g de **harina de fuerza
blanca para pan**

1 cucharada de **azúcar
blanquilla**

2 cucharaditas de **levadura seca
de acción rápida**

100 g de **pasas**

ramitas de romero, para decorar

Levante y extraiga el molde de pan de la máquina, ajuste la cuchilla e incorpore los ingredientes al molde, a excepción de las pasas, siguiendo el orden que se especifica en el manual. Añada las semillas y el romero junto con la harina.

Encaje el molde en el interior de la máquina, cierre la tapa y seleccione el programa para masa, añadiendo las pasas cuando la máquina pite.

Finalizado el programa, vuelque la masa en una superficie enharinada y forme un círculo. Con las puntas de los dedos, haga un agujero en el centro y extiéndala con la mano hasta que la masa tenga forma de anillo con un agujero de 10 cm de diámetro en el centro. Pase la masa a una bandeja de horno grande y engrasada, cúbrala sin presionar con plástico transparente impregnado en aceite y espere a que suba en un lugar cálido durante aproximadamente 45 minutos o hasta que prácticamente haya duplicado su tamaño.

Realice cortes por encima con un cuchillo enharinado y esparza las ramitas de romero y la sal marina. Precaliente el horno a 220 °C y hornee durante 40 minutos hasta que suba y se dore. Cubra el pan con papel de aluminio y retire las ramitas de romero, en caso de que empiecen a dorarse demasiado.

Para preparar un pan de hierbas mediterráneas,

prepare la masa como se indica en la receta, añadiendo 2 cucharaditas de orégano seco en lugar del romero y suprimiendo las pasas. Agregue 25 g de hojas de albahaca troceadas y 2 cucharadas de alcaparras, escurridas y secadas, cuando la máquina pite. Termine siguiendo la receta, pero suprimiendo las ramitas de romero.

pan de azúcar moreno a la cerveza

para **1 pan grande**

tiempo **3 horas y 30 minutos-
5 horas**, dependiendo
de la máquina

para la **masa**

200 ml de **Guiness** o **cerveza
negra fuerte**

100 ml de **agua**

2 cucharadas de **aceite
de girasol**

1 cucharadita de **sal**

100 g de **harina de centeno**

375 g de **harina de fuerza con
granos de trigo malteado**

2 cucharadas de **azúcar
mascabado oscuro**

1 ¼ cucharaditas de **levadura
seca de acción rápida**

para el **acabado**

1 cucharada de **leche**,
para pincelar

1 cucharada de **semillas
de amapola**, para espolvorear

Levante y extraiga el molde de pan de la máquina, ajuste
la cuchilla e incorpore los ingredientes de la masa al molde,
siguiendo el orden que se especifica en el manual.

Encaje el molde en el interior de la máquina y cierre
la tapa. Seleccione la opción del tamaño del pan de 750 g del
programa de pan integral y la opción que desee para la corteza.

Justo antes de comenzar a hornear, pinte la superficie de
la masa con la leche, espolvoree con las semillas de amapola
y cierre la tapa con suavidad.

Finalizado el programa, levante y extraiga el molde de la
máquina y desmolde el pan en una rejilla para que se enfríe.
Sírvalo con queso en conserva (*véase* más abajo), y si lo desea,
con rodajas de manzana y uva.

Para preparar el queso en conserva, como
acompañamiento del pan, desmenuce 200 g de queso
cheddar o stilton en un robot de cocina y agregue 50 g
de mantequilla ablandada, una buena cantidad de nuez
moscada recién rallada y ½ cucharadita de mostaza inglesa.
Triture ligeramente, agregue 2 cucharadas de cebollinos
troceados y triture brevemente hasta que se mezcle.
Páselo a una fuente de servir pequeña y póngalo a enfriar
hasta que esté listo para servir. Si lo prefiere, cierre el queso
herméticamente con mantequilla clarificada. Derrita 50 g
de mantequilla en una cazuela pequeña y déjela reposar
durante un par de minutos para que los sedimentos de
vayan al fondo. Con una cuchara vierta la mantequilla clara
por encima del queso y refrigérelo.

schiacciata de tomate y cebolla

para **1 pan redondo**

tiempo **1 hora y 30 minutos-
2 horas y 30 minutos**,
dependiendo de la máquina,
más tiempo de moldeado,
reposo y horneado

para la **masa**

275 ml de **agua**

3 cucharadas de **aceite de oliva**

1 cucharadita de **sal**

475 g de **harina de fuerza
blanca para pan**

2 cucharaditas de **azúcar
blanquilla**

1 ½ cucharaditas de **levadura
seca de acción rápida**

para el **acabado**

4 cucharadas de **aceite de oliva**

1 **cebolla roja** grande, en rodajas
finas

2 **dientes de ajo**, muy picados

1 cucharadita de **azúcar
blanquilla**

3 cucharaditas de **pesto de
aceitunas negras** o **pesto
de tomates secados al sol**

50 g de **tomates secados
al sol**, escurridos y en rodajas

1 manojo pequeño de **albahaca**

escamas de sal gorda

Levante y extraiga el molde de pan de la máquina, ajuste
la cuchilla e incorpore los ingredientes de la masa al molde,
según en el manual. Encaje el molde en el interior de la
máquina, cierre la tapa y seleccione el programa para masa.

Caliente 1 cucharada de aceite de oliva en una sartén. Agregue
la cebolla y el ajo y fría a fuego lento durante 5 minutos hasta
que se ablanden. Retire un cuarto de la mezcla y resérvela
para la cobertura. Añada el azúcar al resto de las cebollas
y cueza durante algunos minutos más para que se caramelice.

Finalizado el programa, vuelque la masa en una superficie
enharinada y córtela por la mitad. Forme un círculo de 23 cm
con una de las mitades y colóquelo en una bandeja de horno
impregnada de aceite. Esparza el pesto y cubra con las
cebollas caramelizadas, tres cuartos de los tomates, la mitad
de las hojas de albahaca y rocíe con 2 cucharadas de aceite.

Extienda el resto de la masa formando un círculo y cubra
el anterior. Esparza por encima el resto de las cebollas,
los tomates, las hojas de albahaca y un poco de sal. Cúbralo
sin presionar con plástico transparente impregnado en aceite
y póngalo en un lugar cálido durante 30 minutos.

Precaliente el horno a 200 °C y hornee durante 25 minutos.
Páselo a una tabla de picar, rocíe el resto del aceite y sírvalo
templado y cortado en cuñas.

Para preparar pesto casero de tomates secados al sol,
escurra el aceite de 125 g de tomates secos y tritúrelos en
un robot de cocina con 25 g de piñones, 10 aceitunas negras
picadas y 2 dientes de ajo picados. Añada 5 cucharadas de
aceite de oliva, 25 g de queso parmesano rallado y sazone.

pan integral irlandés

para **1 pan grande**

tiempo **3-4 horas**, dependiendo de la máquina

300 ml de **Guiness** o **cerveza negra**

25 g de **mantequilla sin sal**, ablandada

1 ½ cucharaditas de **sal**

2 cucharaditas de **jengibre molido**

275 g de **harina de fuerza blanca para pan**

175 g de **harina de fuerza integral**

3 cucharadas de **azúcar de melaza**

1 ¼ cucharaditas de **levadura seca de acción rápida**

Mida la Guiness en una jarra y deje que repose para que pueda calcular el nivel con precisión.

Levante y extraiga el molde de pan de la máquina, ajuste la cuchilla e incorpore los ingredientes al molde, siguiendo el orden que se especifica en el manual, añadiendo el jengibre junto con la harina.

Encaje el molde en el interior de la máquina y cierre la tapa. Seleccione la opción del tamaño del pan de 750 g del programa de pan blanco básico y la opción que desee para la corteza.

Finalizado el programa, levante y extraiga el molde de la máquina y desmolde el pan en una rejilla para que se enfríe.

pan de tomate y aceitunas

para **1 pan grande**
tiempo **1 hora y 30 minutos-
2 horas y 30 minutos,**
dependiendo de la máquina,
más tiempo de moldeado,
reposo y horneado

para la **masa**
275 ml de **agua**
2 cucharadas de **aceite de oliva**
1 cucharadita de **sal**
475 g de **harina de fuerza
blanca para pan**
1 cucharadita de **azúcar
blanquilla**
1 ¼ cucharaditas de **levadura
seca de acción rápida**

para el **acabado**
125 g de **aceitunas verdes**
sin hueso o rellenas,
cortadas en trozos grandes
40 g de **tomates secados
al sol** (no en aceite),
cortados en trozos grandes
escamas de sal gorda
y **pimentón dulce,**
para espolvorear

Levante y extraiga el molde de pan de la máquina, ajuste
la cuchilla e incorpore los ingredientes de la masa al
molde, siguiendo el orden que se especifica en el manual.

Encaje el molde en el interior de la máquina, cierre la tapa
y seleccione el programa para masa.

Finalizado el programa, levante y extraiga el molde de la
máquina y vuelque la masa sobre una superficie enharinada.
Introduzca gradualmente las aceitunas y los tomates
troceados. Forme un círculo de 20 cm de diámetro y con
un cuchillo enharinado marque 8 cuñas, sin llegar a la base.

Espolvoree la sal y el pimentón dulce por encima de la masa,
pásela a una bandeja de horno grande ligeramente engrasada,
cúbrala sin presionar con plástico transparente y espere
a que suba en un lugar cálido durante 30 minutos hasta
que su tamaño se haya incrementado en la mitad.

Precaliente el horno a 200 °C y hornee durante 30 minutos.
Cúbralo con papel de aluminio después de 15 minutos, si se
ha dorado demasiado, y páselo a una rejilla para que se enfríe.

Para preparar pan con parmesano y panceta, trocee en
pedazos pequeños 100 g de panceta, caliente 1 cucharada
de aceite de oliva en una sartén pequeña y fría la panceta
con 1 chalota picada durante 5 minutos hasta que empiece
a tomar color. Espere a que se enfríe y elabore el pan como
se indica en la receta, añadiendo a la masa la panceta,
la chalota y 50 g de queso parmesano rallado en lugar
de las aceitunas y los tomates. Termine siguiendo la receta.

pissaladière

para **1 tarta grande**
tiempo **1 hora y 30 minutos-
2 horas y 30 minutos,**
dependiendo de la máquina,
más tiempo de moldeado,
reposo y horneado

para la **masa**
1 **huevo** grande, batido
1 cucharada de **aceite de oliva**
½ cucharadita de **sal**
250 g de **harina de fuerza
blanca para pan**
1 cucharada de **azúcar
blanquilla**
¾ de cucharadita de **levadura
seca de acción rápida**

para el **acabado**
4 cucharadas de **aceite de oliva**
virgen extra
625 g de **cebollas**, en rodajas
finas
2 cucharaditas de **tomillo**,
picado
50 g de **anchoas** enlatadas
en aceite de oliva
10 **aceitunas negras** sin hueso
sal y **pimienta negra**
ramitas de tomillo, para decorar

Levante y extraiga el molde de pan de la máquina y ajuste la cuchilla. Ponga el huevo en una jarra y rellénela con agua hasta alcanzar 150 ml. Incorpore los ingredientes, siguiendo el manual, encaje el molde en el interior de la máquina, cierre la tapa y seleccione el programa para masa. Compruebe la masa tras 5 minutos de amasado y agregue agua, si está seca.

Prepare la cobertura. Caliente 2 cucharadas de aceite en una sartén y fría las cebollas durante unos 20 minutos, remueva a menudo. Sin dejar de remover, incorpore el tomillo y sazone.

Finalizado el programa, vuelque la masa sobre una superficie enharinada y extiéndala formando un fino círculo de unos 33 cm de diámetro. Colóquela en una bandeja de horno grande y engrasada, vuelva a darle forma circular y hágale un borde doblando hacia adentro los filos de la masa y presionando con fuerza. Espere a que repose durante 10 minutos sin taparla.

Precaliente el horno a 220 °C y hornee durante 5 minutos. Esparza la mezcla de cebolla formando una capa uniforme. Escurra la lata de anchoas y guarde el aceite. Corte las anchoas en tiras finas y colóquelas sobre la masa formando una celosía. Coloque las aceitunas en los espacios entre las anchoas y rocíe con el aceite de las anchoas y el aceite de oliva sobrante.

Vuelva a hornear la tarta durante 10-15 minutos hasta que se dore. Sírvala templada y adornada con ramitas de tomillo.

Para preparar una tarta de champiñones y pesto, prepare la masa como se indica en la receta, extiéndala y esparza por encima 5 cucharadas de pesto. Fría 300 g de champiñones cortados en rodajas en 3 cucharadas de aceite. Esparza por encima el pesto y termine siguiendo la receta.

pan de limón y calabacín a la menta

para **1 pan grande**
tiempo **3-4 horas**,
    dependiendo de la máquina,
    más tiempo de reposo

1 **calabacín** grande, de unos
    225 g
2 cucharadas de **sal**,
    más ½ cucharadita
175 ml de **agua**
75 ml de **aceite de oliva**
½ cucharadita de **pimienta
    negra**, recién molida
la cáscara rallada de 1 **limón**
2 cucharadas de **menta**,
    troceada
3 cucharadas de **alcaparras**,
    enjuagadas y escurridas
400 g de **harina de fuerza
    blanca para pan**
1 cucharada de **azúcar
    blanquilla**
1 ¼ cucharaditas de **levadura
    seca de acción rápida**

Ralle ligeramente el calabacín, mézclelo en un escurridor con 2 cucharadas de sal y espere a que repose durante 30 minutos. Enjuague el calabacín en abundante agua, envuélvalo en varias capas de papel de cocina y séquelo dando golpecitos.

Levante y extraiga el molde de pan de la máquina, ajuste la cuchilla e incorpore los ingredientes al molde, siguiendo el orden que se especifica en el manual.

Encaje el molde en el interior de la máquina y cierre la tapa. Seleccione la opción del tamaño del pan de 750 g del programa de pan blanco básico, y la opción que desee para la corteza, agregando el calabacín, el limón, la menta y las alcaparras cuando la máquina pite.

Finalizado el programa, levante y extraiga el molde de la máquina y desmolde el pan sobre una rejilla.

Para preparar una salsa de yogur y feta, como acompañamiento del pan tostado, bata en un cuenco 150 ml de yogur griego y 150 ml de mayonesa. Incorpore, sin dejar de remover, 2 cucharadas de cebollinos cortados y 2 cucharadas de perejil picado. Desmenuce 100 g de feta en el interior de la mezcla y remueva bien. Sazone con sal y pimienta, tápelo y refrigérelo hasta que esté listo para servir.

rosca de pan con queso manchego y espinacas

para **1 rosca grande**
(unas 10 rebanadas gruesas)
tiempo **1 hora y 30 minutos-
2 horas y 30 minutos**,
dependiendo de la máquina,
más tiempo de cocido,
moldeado, reposo y horneado

para la **masa**
2 cucharadas de **aceite de oliva**
1 **cebolla** pequeña, en rodajas
finas
250 ml de **agua**
25 g de **queso parmesano**,
rallado, más un poco para
espolvorear
1 cucharadita de **sal**
450 g de **harina de fuerza
blanca para pan**
1 cucharada de **azúcar blanquilla**
1 ½ cucharaditas de **levadura
seca de acción rápida**

para el **acabado**
175 g de **hojas de espinaca**
joven
200 g de **queso manchego**,
en dados pequeños
½ cucharadita de **nuez
moscada**, recién rallada
2 **dientes de ajo**, muy picados
50 g de **pasas**
50 g de **piñones**, ligeramente
tostados
huevo batido, para glasear
sal y **pimienta negra**

Caliente el aceite en una sartén, fría la cebolla a fuego lento hasta que se ablande y déjela enfriar.

Levante y extraiga el molde de pan de la máquina, ajuste la cuchilla e incorpore los ingredientes, siguiendo el manual. Agregue la cebolla y el queso junto con el agua. Encaje el molde en el interior de la máquina, cierre la tapa y seleccione el programa para masa.

Ponga las espinacas en una cazuela con 1 cucharada de agua y tápela. Cueza a fuego lento, hasta que se ablanden. Escúrralas y séquelas a golpecitos entre capas de papel de cocina. En un cuenco, mezcle el manchego con la nuez moscada, el ajo, las pasas, los piñones y sazone.

Finalizado el programa, vuelque la masa sobre una superficie enharinada y extiéndala formando un rectángulo de unos 40 × 30 cm. Esparza el relleno casi hasta los bordes. Enrolle, empezando por el lado más largo, y pásela a una bandeja de horno grande y engrasada con la unión en la parte de abajo. Doble los bordes hacia dentro para formar una rosca y presiónelos para cerrarla. Cúbrala con plástico transparente impregnado en aceite y déjela en un lugar cálido durante unos 45 minutos hasta que haya subido al menos la mitad de su tamaño.

Pinte la masa con huevo y esparza el parmesano rallado. Realice cortes verticales hacia el centro de forma que el relleno quede visible. Precaliente el horno a 200 °C y hornee durante 30-35 minutos. Sírvala fría o templada.

Para preparar una rosca de *chutney* y queso cheddar,

siga como se indica en la receta, rellenando la rosca con 200 g de *chutney* de tomate y 250 g de queso cheddar rallado.

rebanadas para picnic al estilo provenzal

para **10 rebanadas gruesas**

tiempo **1 hora y 30 minutos-
2 horas y 30 minutos**,
dependiendo de la máquina,
más tiempo de moldeado,
reposo y horneado

para la **masa**

2 cucharadas de **aceite de oliva**

4 cucharadas de **hierbas**
picadas, como tomillo, orégano
y romero

75 g de **queso parmesano**,
rallado

250 ml de **leche**

1 cucharadita de **sal**

350 g de **harina de fuerza
blanca para pan**

1 cucharada de **azúcar
blanquilla**

1 cucharadita de **levadura seca
de acción rápida**

para el **acabado**

5 cucharadas de **pasta de
tomates secados al sol**

350 g de **surtido de verduras
asadas**, como pimientos,
calabacines y cebollas rojas
(*véanse* págs. 230-231)

2 cucharadas de **aceite de oliva**

leche, para pincelar

25 g de **queso parmesano**
rallado, para espolvorear

sal y **pimienta negra**

Levante y extraiga el molde de pan de la máquina, ajuste
la cuchilla e incorpore los ingredientes, siguiendo el manual,
y añadiendo las hierbas y el queso junto con la leche.

Encaje el molde en el interior de la máquina, cierre la tapa
y seleccione el programa para masa.

Finalizado el programa, vuelque la masa sobre una superficie
enharinada y extiéndala formando un cuadrado de 28 cm.
Esparza la pasta de tomate y las verduras asadas, rocíe
con el aceite y salpimente.

Enrolle la masa para que el relleno quede cubierto y córtela
en 10 rebanadas gruesas, coloque las rebanadas de forma
escalonada sobre una fuente de horno grande y engrasada,
apoyando cada rebanada en la anterior de forma el relleno
quede visible. Cúbrala sin presionar con plástico transparente
impregnado en aceite y deje que suba en un lugar cálido
durante aproximadamente 40 minutos o hasta que
prácticamente haya doblado su tamaño.

Pinte la masa con leche y esparza el queso. Precaliente
el horno a 200 °C y hornee durante 25 minutos hasta que
suban y se doren. Sírvalas templadas, cortada en rebanadas.

Para preparar un pan de picnic con queso stilton y puerros,
prepare la masa como se indica en la receta pero reduciendo
la cantidad de parmesano a 40 g. Corte en rodajas finas 350 g
de puerros, saltéelos en 25 g de mantequilla hasta que se
ablanden y espere a que se enfríen. Extienda la masa como se
indica en la receta y esparza los puerros, 150 g de queso stilton
cremoso y desmenuzado y una buena cantidad de pimienta
negra. Enrolle la masa y termine como se indica en la receta.

pizza de alcachofas y panceta

para **4 raciones**

tiempo **1 hora y 30 minutos-
2 horas y 30 minutos**,
dependiendo de la máquina,
más tiempo de moldeado,
reposo y horneado

para la **masa**

200 ml de **agua**

2 cucharadas de **aceite de oliva**

1 cucharadita de **sal**

300 g de **harina de fuerza
blanca para pan**

1 cucharadita de **azúcar
blanquilla**

1 cucharadita de **levadura seca
de acción rápida**

para el **acabado**

275 g de **alcachofas** en aceite
de oliva

100 g de lonchas de **panceta**,
cortadas en pedazos grandes

5 cucharadas de **pesto**

4 cucharadas de **piñones**

75 g de **queso pecorino**
o **parmesano**, para servir

pimienta negra

Levante y extraiga el molde de pan de la máquina,
ajuste la cuchilla e incorpore los ingredientes de la masa
al molde, siguiendo el orden que se especifica en el manual.

Encaje el molde en el interior de la máquina, cierre la tapa
y seleccione el programa para masa.

Escurra las alcachofas, reservando 2 cucharadas del aceite,
y córtelas en rodajas finas. Caliente el aceite reservado en
una sartén y fría la panceta hasta que empiece a tomar color.

Finalizado el programa, vuelque la masa sobre una superficie
enharinada y extiéndala formando un círculo de unos 30 cm
de diámetro. Colóquelo en una bandeja de horno grande
y engrasada y extienda el pesto de forma que quede a 1 cm
del borde. Esparza las alcachofas y, a continuación, la panceta,
los piñones y abundante pimienta negra.

Precaliente el horno a 200 °C y hornee durante 15 minutos
hasta que la corteza se dore un poco. Esparza abundante
queso por encima antes de servirla.

Para preparar una pizza de cebolla y queso de cabra, fría
500 g de cebollas rojas cortadas en rodajas en 3 cucharadas
de aceite de oliva hasta que se ablanden. Elabore la masa
como se indica en la receta y córtela en 4 pedazos. Extienda
cada pedazo formando un círculo de 20 cm de diámetro,
páselos a 2 bandejas de horno engrasadas y esparza las
cebollas. Corte finas lonchas de queso de cabra y colóquelas
encima. Esparza en cada pizza unas cuantas aceitunas negras
y espolvoree con orégano picado. Sazone con sal y pimienta,
rocíe con 1 cucharada de aceite de oliva y hornee siguiendo
la receta.

pan con tomillo y patatas

para **2 panes pequeños**
tiempo **1 hora y 30 minutos-
2 horas y 30 minutos**,
dependiendo de la máquina,
más tiempo de cocido,
moldeado, probado y horneado

500 g de **patatas harinosas**,
cortadas en dados de 1 cm
200 ml de **leche**
75 g de **mantequilla sin sal,**
ablandada
2 cucharaditas de **sal marina,**
más un poco para espolvorear
2 cucharadas de **tomillo limón,**
picado
¼ de cucharadita de **cúrcuma
molida**
475 g de **harina de fuerza
blanca para pan**
2 cucharaditas de **azúcar
blanquilla**
1 ½ cucharaditas de **levadura
seca de acción rápida**
ramitas de tomillo, para decorar

Cueza las patatas en agua hirviendo con sal durante
10 minutos o hasta que estén tiernas. Escúrralas bien
y agregue 150 g al molde. Tritúrelas hasta obtener
un puré homogéneo y espere a que se enfríe.

Extraiga el molde de pan, ajuste la cuchilla e incorpore los
ingredientes, menos las ramitas de tomillo, siguiendo el manual
y añadiendo el puré de patatas junto con la leche. Seleccione
el programa para masa. Derrita el resto de la mantequilla.

Finalizado el programa, incorpore amasando el resto de los
dados de patata. Forme dos panes largos y finos. Colóquelos
separados en una bandeja de horno grande y engrasada.
Cúbralos con plástico transparente impregnado en aceite
y espere a que suban, en un lugar cálido, durante 45 minutos.

Pinte los panes con la mitad de la mantequilla derretida y
espolvoree con la sal marina. Precaliente el horno a 220 °C
y hornee durante aproximadamente 25 minutos hasta que
suban y se doren. Pinte con el resto de la mantequilla derretida
y esparza unas ramitas de tomillo. Sírvalos templados o fríos.

Para preparar un pan de patatas picante, haga un puré
con 200 g de patatas y espere a que se enfríe. Trocee 100 g
de beicon y fríalo. Añada al molde de pan 200 ml de leche,
1 cucharadita de sal, 2 cucharadas de pasta de curry,
25 g de mantequilla ablandada, 15 g de cilantro troceado,
475 g de harina de fuerza blanca para pan, 2 cucharaditas
de azúcar blanquilla y 1 ½ cucharaditas de levadura seca de
acción rápida, siguiendo el orden que especifica el manual
y agregando las patatas junto con la leche. Seleccione la
opción del tamaño del pan de 750 g del programa de pan
blanco básico e incorpore el beicon cuando la máquina pite.

pan con estragón y boniato

para **1 pan grande**

tiempo **3-4 horas**, dependiendo de la máquina, más tiempo de cocción

200 g de **boniatos**

175 ml de **leche**

50 g de **mantequilla sin sal**, ablandada

2 cucharaditas de **sal**

2 cucharaditas de **mostaza de Dijon**

4 cucharadas de **semillas de mostaza**

300 g de **harina de fuerza blanca para pan**

175 g de **harina de fuerza integral** o **harina con granos de trigo malteado**

1 cucharadita de **azúcar blanquilla**

1 ¼ cucharaditas de **levadura seca de acción rápida**

100 g de **queso de cabra** curado, en dados

5 g de **estragón**, sólo las hojas

Pele y corte en dados los boniatos y cuézalos en agua hirviendo durante aproximadamente 10 minutos hasta que estén tiernos. Escúrralos bien, agréguelos al molde, tritúrelos hasta obtener un puré homogéneo y espere a que se enfríe.

Levante y extraiga el molde de pan de la máquina, ajuste la cuchilla e incorpore los ingredientes al molde, a excepción del queso y el estragón, siguiendo el orden que se especifica en el manual y añadiendo el puré de boniatos junto con la leche.

Encaje el molde en el interior de la máquina y cierre la tapa. Seleccione la opción del tamaño del pan de 750 g del programa de pan blanco básico, y la opción que desee para la corteza. Agregue el queso y el estragón cuando la máquina pite.

Finalizado el programa, levante y extraiga el molde de la máquina y desmolde el pan sobre una rejilla para que se enfríe.

Para preparar un pan de calabaza con semillas y especias cajún, pele, quítele las semillas, corte en dados 200 g de calabaza y cuézala en agua hirviendo hasta que se ablande. Escúrrala bien y elabore un puré. Añada al molde de pan 175 ml de leche, 50 g de mantequilla ablandada, 2 cucharaditas de sal, 2 cucharadas de surtido de especias cajún, 475 g de harina de fuerza blanca para pan, 1 cucharadita de azúcar y 1 ½ cucharaditas de levadura seca de acción rápida, siguiendo el orden que especifica el manual. (Agregue el puré de calabaza junto con la leche y el surtido de especias junto con la harina.) Incorpore 5 cucharadas de semillas de calabaza cuando la máquina pite. Después de hornear, desmolde el pan sobre una rejilla para que se enfríe.

pan con queso rojo de Leicester y cebolla

para **1 pan grande**
tiempo **3-4 horas**, dependiendo
de la máquina

1 cucharada de **aceite de oliva**
1 **cebolla roja**, cortada
en rodajas finas
3 cucharaditas de **azúcar
blanquilla**
250 ml de **agua**
100 g de **queso de Leicester
rojo**, rallado
1 cucharadita de **sal**
1 cucharadita de **mostaza
preparada** o **mostaza
en polvo inglesa**
½ cucharadita de **pimienta
en grano**, ligeramente picada
425 g de **harina de fuerza
blanca para pan**
1 ¼ cucharaditas de **levadura
seca de acción rápida**

Levante y extraiga el molde de pan, ajuste la cuchilla
e incorpore los ingredientes, a excepción del aceite,
la cebolla y el azúcar, siguiendo el manual.

Seleccione la opción del tamaño del pan de 750 g del
programa de pan blanco básico y la opción de corteza clara.
(Si su máquina no dispone de la opción de colores para
la corteza, seleccione el programa para panes dulces
para evitar que el queso oscurezca demasiado la corteza.)

Caliente el aceite en una sartén mientras el programa esté
en funcionamiento. Añada la cebolla y fríala a fuego medio
durante 5 minutos hasta que se ablande. Espolvoree con
1 cucharadita del azúcar, fría durante 5 minutos más, hasta que
la cebolla se caramelice ligeramente, y espere a que se enfríe.

Incorpore las cebollas poco a poco cuando la máquina pite.

Desmolde el pan sobre una rejilla para que se enfríe.

Para preparar un rollo de espinacas y queso stilton, añada al
molde de pan 275 ml de leche, 25 g de mantequilla ablandada,
1 cucharadita de sal, 1 cucharadita de macis molido, 425 g
de harina de fuerza blanca para pan, 1 cucharadita de azúcar y
1 ¼ cucharaditas de levadura seca de acción rápida, siguiendo
el manual, y seleccione el programa para masa. Cueza en una
cazuela 100 g de hojas de espinacas lavadas y espere a que
enfríen. Extienda la masa formando un cuadrado de 25 cm
y esparza por encima las espinacas y 200 g de queso stilton
desmenuzado. Enróllela y colóquela en un molde de pan
rectangular engrasado de 1,5 kg. Cúbralo con plástico
impregnado en aceite y espere a que suba durante 45 minutos.
Precaliente el horno a 200 °C y hornee durante 35-40 minutos.

pan de aceitunas marinadas y pesto

para **1 pan grande**

tiempo **3-4 horas**, dependiendo
de la máquina

200 ml de **agua**

2 cucharadas de **aceite de oliva**

2 cucharadas de **pesto**

1 cucharadita de **sal**

425 g de **harina de fuerza
blanca para pan**

1 cucharadita de **azúcar
blanquilla**

1 ¼ cucharaditas de **levadura
seca de acción rápida**

125 g de **surtido de aceitunas
marinadas**, partidas
por la mitad

Levante y extraiga el molde de pan de la máquina, ajuste
la cuchilla e incorpore los ingredientes al molde, a excepción
de las aceitunas, siguiendo el orden que se especifica
en el manual.

Encaje el molde en el interior de la máquina y cierre
la tapa. Seleccione la opción del tamaño del pan de 750 g
del programa de pan blanco básico y la opción de corteza
que desee.

Incorpore las aceitunas cuando la máquina pite, añadiéndolas
poco a poco para evitar que la cuchilla se atasque.

Finalizado el programa, levante y extraiga el molde de la
máquina y desmolde el pan sobre una rejilla para que se enfríe.

Para preparar un pan con chile picante y emmental,
utilice 50 g de chiles jalapeños rojos en conserva. Séquelos
dando golpecitos con papel de cocina y píquelos ligeramente.
Elabore el pan como se indica en la receta, suprimiendo
el pesto y las aceitunas y añadiendo los chiles picantes
troceados, 100 g de queso emmental en dados y 15 g
de perejil o cilantro picado cuando la máquina pite.

panes planos

pan de pita

para **8 panes**

tiempo **1 hora y 30 minutos-
2 horas y 30 minutos**,
dependiendo de la máquina,
más tiempo de moldeado,
reposo y horneado

250 ml de **agua**
1 cucharada de **aceite de oliva**
1 cucharadita de **sal**
½ cucharadita de **comino
molido**
375 g de **harina de fuerza
blanca para pan**
1 cucharadita de **azúcar
blanquilla**
1 cucharadita de **levadura seca
de acción rápida**

Levante y extraiga el molde de pan de la máquina, ajuste
la cuchilla e incorpore los ingredientes al molde, siguiendo
el orden que se especifica en el manual.

Encaje el molde en el interior de la máquina, cierre la tapa
y seleccione el programa para masa.

Finalizado el programa, vuelque la masa en una superficie
enharinada y córtela en 8 trozos iguales. Extienda cada
pedazo formando un óvalo de aproximadamente 15 cm
de largo y colóquelos en una sola capa sobre un trapo de
cocina seco. Cúbralos sin presionar con un segundo paño
de cocina seco y espere a que suba en un lugar cálido
durante 30 minutos.

Precaliente el horno a 230 °C, introduzca una fuente de horno
enharinada y espere a que se caliente durante 5 minutos.
Pase la mitad de los panes a la fuente y hornee durante
5-6 minutos hasta que empiecen a tomar color. Retírelos
de la bandeja del horno y deje que se enfríen sobre una rejilla
mientras hornea el resto. Envuelva los panes de pita todavía
calientes en un paño de cocina limpio y seco para que se
mantengan blandos hasta que vaya a servirlos. Si se enfrían,
caliente los panes en el horno antes de servirlos.

Para preparar mini panes de pita con hierbas y aceitunas,
prepare la masa como se indica en la receta y agregue
a la masa 50 g de aceitunas negras sin hueso y troceadas,
un buen puñado de perejil picado y menta, cuando la
máquina pite. Al el programa, vuelque la masa en una
superficie enharinada y córtela en 16 trozos. Extienda cada
pedazo en una fina capa formando un óvalo de 10-12 cm
de largo y termine como se indica en la receta.

focaccia de tomate

para la **masa**
475 g de **harina de fuerza
blanca para pan**
1 cucharadita de **azúcar
blanquilla**
1 cucharadita de **sal**
1 ½ cucharaditas de **levadura
seca de acción rápida**
3 cucharadas de **aceite de oliva**
275 ml de **agua**

para el **acabado**
200 g de **tomates cherry**
unas cuantas **ramitas de romero**
unas cuantas **aceitunas negras**
1 cucharadita de **escamas
de sal**
3 cucharadas de **aceite de oliva**

Levante y extraiga el molde de pan de la máquina,
ajuste la cuchilla e incorpore los ingredientes de la masa
al molde, siguiendo el orden que se especifica en el manual.

Encaje el molde en el interior de la máquina, cierre la tapa
y seleccione el programa para masa.

Finalizado el programa, vuelque la masa en una superficie
enharinada y córtela por la mitad. Forme con cada pedazo
un óvalo de un tamaño ligeramente más grande que una mano.

Pase los panes a 2 bandejas de horno engrasadas
y realice hendiduras en la superficie con el extremo de
una cuchara de palo. Introduzca los tomates en algunas
de las hendiduras, y pequeñas ramitas de romero y
aceitunas en el resto. Espolvoree con las escamas de sal
y déjelos sin tapar durante 20 minutos.

Rocíe los panes con un poco de aceite, precaliente el horno
a 200 °C y hornee durante 15 minutos. Cambie la posición de
las bandejas para que los panes se horneen de forma uniforme.
Rocíe con el resto del aceite y sírvalos templados o fríos
y cortados en pedazos.

Para preparar una *focaccia* de gorgonzola, salvia y cebolla,
prepare la masa como se indica en la receta, añadiendo a la
harina 1 cucharada de salvia picada. Tras dar forma y realizar
las hendiduras, esparza sobre los panes ½ cebolla roja en
rodajas muy finas y 75 g de gorgonzola desmenuzado. Rocíe
con aceite de oliva siguiendo la receta y esparza pequeñas
hojas de salvia a mitad del horneado.

pan con aceite de oliva y sémola

para **6 panes**

tiempo **1 hora y 30 minutos-
2 horas y 30 minutos,**
dependiendo de la máquina,
más tiempo de moldeado,
reposo y horneado

175 ml de **agua**
100 ml de **aceite de oliva**
2 cucharaditas de **sal**
200 g de **harina de fuerza
blanca para pan**
200 g de **sémola fina**, más
un poco para espolvorear
1 cucharadita de **levadura seca
de acción rápida**

Levante y extraiga el molde de pan de la máquina,
ajuste la cuchilla e incorpore los ingredientes al molde,
siguiendo el orden que se especifica en el manual.

Encaje el molde en el interior de la máquina, cierre la tapa
y seleccione el programa para masa.

Finalizado el programa, vuelque la masa en una superficie
enharinada y córtela en 6 pedazos iguales. Forme una bola
con cada uno y extiéndalas hasta que midan aproximadamente
15 cm de diámetro.

Engrase una bandeja de horno grande y espolvoree con la
sémola. Coloque los panes a 2 cm de distancia sobre la bandeja
de horno, esparza la sémola extra y presiónela con suavidad.
Cúbrala sin presionar, con plástico transparente impregnado en
aceite y deje que suba en un lugar cálido durante 30 minutos.

Precaliente el horno a 220 °C, hornee durante 12-15 minutos
hasta que se doren y páselos a una rejilla para que se enfríen.

Para preparar unas tostadas de habas con chorizo,
prepare el pan como se indica en la receta y deje que se
enfríe. Corte 300 g de chorizo en dados de 1 cm. Cueza
200 g de habas baby en agua hirviendo durante 3 minutos,
escúrralas, deje que se enfríen y páselas a un cuenco sin
la piel. Caliente 4 cucharadas de aceite de oliva virgen extra
en una sartén y fría a fuego lento el chorizo y 2 chalotas en
rodajas finas durante 5 minutos, sin dejar de remover. Incorpore
las habas, 2 cucharaditas de zumo de limón y un poco de
sal y pimienta. Coloque cada pan en un grill medio hasta
que se tuesten y sírvalos cubiertos de chorizo frío o templado
y la mezcla de las habas.

piadina

para **8 panes**

tiempo **1 hora y 30 minutos-
2 horas y 30 minutos**,
dependiendo de la máquina,
más tiempo de moldeado,
reposo y horneado

300 ml de **agua**
25 g de **manteca de cerdo**,
derretida
2 cucharaditas de **sal**
2 cucharaditas de **semillas
de hinojo**, picadas
450 g de **harina de fuerza
blanca para pan**
1 cucharadita de **azúcar
blanquilla**
1 ¼ cucharaditas de **levadura
seca de acción rápida**

Levante y extraiga el molde de pan de la máquina,
ajuste la cuchilla e incorpore los ingredientes al molde,
siguiendo el orden que se especifica en el manual.

Encaje el molde en el interior de la máquina, cierre la tapa
y seleccione el programa para masa.

Finalizado el programa, vuelque la masa en una superficie
enharinada y divídala en 8 pedazos iguales. Extienda cada
uno formando un círculo de 23 cm de diámetro. Deje los
círculos sobre la superficie enharinada durante 15 minutos,
cubiertos con un paño de cocina seco y limpio.

Caliente una sartén grande o una plancha hasta que alcance
una temperatura muy alta y luego baje el fuego al mínimo.
Coloque un pedazo de masa en la sartén y cueza durante
5-6 minutos hasta que se dore bien. Pinche las burbujas
que se formen con un tenedor y dele varias vueltas para
evitar que el pan se agarre.

Pase la *piadina* a una bandeja o fuente y cúbrala con un paño
de cocina húmedo y limpio para que el pan se conserve blando
y caliente mientras cocina el resto.

**Para preparar rollos italianos con mozzarella y carnes
curadas**, esparza sobre una *piadina* caliente 1-2 cucharaditas
de pesto. Corte 75 g de mozzarella en lonchas finas y espárzalas
por encima. Rocíe con un poco de aceite de oliva virgen extra
y abundante pimienta negra. Coloque encima del queso lonchas
de carne curada (como jamón, *coppa* o salami). Si lo desea,
esparza hojas de rúcula. Pliegue 3 veces la piadita antes
de servirla.

bastones con albahaca, ajo y mantequilla

para **unos 20 bastones**
tiempo **1 hora y 30 minutos-2 horas y 30 minutos**,
dependiendo de la máquina,
más tiempo de moldeado,
reposo y horneado

para la **masa**
200 ml de **agua**
2 cucharadas de **aceite de oliva**
1 cucharadita de **sal**
400 g de **harina de fuerza blanca para pan**
1 cucharadita de **azúcar blanquilla**
1 ¼ cucharaditas de **levadura seca de acción rápida**

para el **acabado**
100 g de **mantequilla sin sal**
4 **dientes de ajo**, muy picados
un manojo pequeño de
albahaca, hojas troceadas
sal marina gorda
pimienta negra

Levante y extraiga el molde de pan de la máquina, ajuste la cuchilla e incorpore los ingredientes, siguiendo el manual. Encaje el molde en el interior de la máquina, cierre la tapa y seleccione el programa para masa.

Finalizado el programa, vuelque la masa en una superficie enharinada y córtela por la mitad. Extienda cada pedazo formando un óvalo de aproximadamente 35 × 18 cm. Páselos a 2 bandejas de horno engrasadas y córtelos en tiras de 2,5 cm, de manera que los bastones sigan unidos por los extremos.

Espolvoree la masa con un poco de sal gorda, cúbrala sin presionar con plástico transparente impregnado en aceite y déjela en un lugar cálido durante 30 minutos o hasta que la masa haya subido por los bordes.

Precaliente el horno a 220 °C, hornee durante 8-10 minutos. hasta que el pan suene a hueco al darle golpecitos con las puntas de los dedos y páselo a 2 fuentes grandes.

Derrita un pedazo pequeño de mantequilla en una sartén y fría el ajo durante 2-3 minutos hasta que empiece a dorarse. Incorpore el resto de la mantequilla, las hojas de albahaca y pimienta a su gusto. Pinte con ella el pan caliente, separe los bastones y sirva de inmediato.

Para preparar bastones de cilantro y comino, prepare la masa como se indica en la receta, añadiendo 2 cucharaditas de semillas de comino picadas. Derrita 25 g de mantequilla en una cazuela y fría a fuego lento una cebolleta en rodajas finas y 1 chile rojo en rodajas finas. Añada 4 cucharadas de cilantro picado y 75 g más de mantequilla. Caliente hasta que la mantequilla se haya derretido y pinte con ella el pan caliente.

pan *pide* turco

para **4 panes** *pide*

tiempo **1 hora y 30 minutos-
2 horas y 30 minutos**,
dependiendo de la máquina,
más tiempo de moldeado,
reposo y horneado

para la **masa**

125 ml de **agua**

125 ml de **yogur natural**

2 cucharadas de **aceite de oliva**

2 cucharaditas de **sal**

4 cucharadas de **semillas
de sésamo**

400 g de **harina de fuerza
blanca para pan**

1 cucharadita de **azúcar
blanquilla**

1 cucharadita de **levadura seca
de acción rápida**

para el **acabado**

4 cucharadas de **aceite de oliva**

1 **cebolla** grande, picada

2 **dientes de ajo**, picados

250 g de **carne picada de
cordero**

un buen pellizco de **hebras
de azafrán**

1 cucharada de **semillas de
cilantro**, ligeramente picadas

75 g de **albaricoques secos**
ya preparados, en rodajas

65 g de **piñones**

sal y **pimienta negra**

perejil picado, para espolvorear

Levante y extraiga el molde de pan de la máquina, ajuste
la cuchilla e incorpore los ingredientes, siguiendo el manual
y añadiendo las semillas de sésamo y la harina.

Encaje el molde en el interior de la máquina, cierre la tapa
y seleccione el programa para masa.

Elabore la cobertura. Fría la cebolla durante 5 minutos.
Agregue el ajo y el cordero y fría durante 5-10 minutos hasta
que empiece a tomar color, separando la carne de cordero con
una cuchara de palo. Incorpore, sin dejar de remover, el azafrán,
el cilantro, los albaricoques y los piñones y cueza, sin dejar
de remover, durante 5 minutos. Salpimiente.

Finalizado el programa, vuelque la masa sobre una superficie
enharinada y divídala en 4 pedazos. Forme un óvalo de unos
20 cm de largo con cada pedazo, colóquelos en 2 fuentes de
horno engrasadas y pinche las bases con un tenedor. Esparza
la mezcla de carne a 1 cm de distancia de los bordes. Cúbralos
sin presionar con plástico transparente impregnado en aceite
y espere a que suba en un lugar cálido durante 30 minutos.

Rocíe el resto del aceite por encima de los panes, precaliente
el horno a 200 °C y hornee durante 20 minutos hasta
que se doren. Espolvoree con el perejil antes de servirlos.

Para preparar un *pide* de cebolla y feta, prepare y dele forma
a la masa, según la receta. Pásela a las 2 bandejas de horno
y pinchelas con un tenedor. Esparza 200 g de queso feta por
encima de la masa a 1 cm de los bordes. Trocee 4 cebolletas
y pique 1 cucharadita de semillas de comino. Esparza las
cebollas y las semillas por encima del feta y salpimiente. Rocíe
cada *pide* con 1 cucharada de aceite de oliva antes de hornear.

fougasse

para **2 panes**

tiempo **1 hora y 30 minutos-
2 horas y 30 minutos**,
dependiendo de la máquina,
más tiempo de moldeado,
reposo y horneado

250 ml de **agua**

4 cucharadas de **aceite de oliva**,
más un poco para rociar

1 ½ cucharaditas de **sal**

3 cucharadas de **surtido de
hierbas** frescas y troceadas
o 1 ½ cucharaditas de **surtido
de hierbas** secas, como
espliego, tomillo y romero

475 g de **harina de fuerza
blanca para pan**

2 cucharaditas de **azúcar
blanquilla**

1 ¼ cucharaditas de **levadura
seca de acción rápida**

sal marina gorda,
para espolvorear

Levante y extraiga el molde de pan, ajuste la cuchilla
e incorpore los ingredientes, siguiendo el manual.

Encaje el molde en el interior de la máquina, cierre la tapa
y seleccione el programa para masa.

Finalizado el programa, vuelque la masa en una superficie
enharinada, córtela por la mitad y extienda cada pedazo
formando un óvalo de 30 × 20 cm.

Pase la masa a 2 bandejas de horno engrasadas. Realice
5 cortes diagonales en la masa y abra los lados externos
de los cortes, agrandando el hueco con un dedo. Cúbralos
sin presionar con plástico transparente impregnado en aceite
y espere a que suba en un lugar cálido durante 30 minutos.

Precaliente el horno a 220 °C y hornee durante 8-10 minutos
hasta que se doren. Rocíe con un poco de aceite de oliva y
esparza por encima un poco de sal marina. Páselos a una rejilla
transcurridos 10 minutos para que se enfríen completamente.

Para preparar bastones de pan con aceitunas y parmesano,
prepare la masa como se indica en la receta, añadiendo
50 g de aceitunas negras troceadas y 50 g de queso
parmesano rallado cuando la máquina pite. Extienda la
masa en una superficie enharinada formando un rectángulo
de aproximadamente 30 × 20 cm. Cúbralo sin presionar
con un paño de cocina limpio y enharinado y deje que repose
durante 20 minutos. Córtelo diagonalmente en tiras largas
y finas, y colóquelas en una fuente de horno engrasada y
espolvoreada con sémola. Pinte con huevo batido y espolvoree
con sal. Precaliente el horno a 220 °C, hornee durante
15-20 minutos hasta que dore y déjelo enfriar.

panes hindúes con semillas

para **6 panes**

tiempo **1 hora y 30 minutos-
2 horas y 30 minutos,**
dependiendo de la máquina,
más tiempo de moldeado,
reposo y horneado

12 **vainas de cardamomo**
2 cucharaditas de **semillas
de cilantro**
2 cucharaditas de **semillas
de comino**
100 ml de **agua**
4 cucharadas de **yogur natural**
1 cucharada de **aceite vegetal**
1 cucharadita de **sal**
2 cucharaditas de **semillas
de cebolla negra**
275 g de **harina de fuerza
blanca para pan**
1 cucharadita de **azúcar
blanquilla**
¾ de cucharadita de **levadura
seca de acción rápida**
25 g de **mantequilla** o
mantequilla clarificada

Machaque las vainas de cardamomo con un mortero para extraer las semillas y tire la cáscara. Agregue las semillas de cilantro y de comino y muélalas.

Levante y extraiga el molde de pan, ajuste la cuchilla e incorpore los ingredientes, a excepción de la mantequilla, siguiendo el manual y añadiendo las semillas junto con la harina. Encaje el molde en el interior de la máquina, cierre la tapa y seleccione el programa para masa.

Finalizado el programa, vuelque la masa en una superficie enharinada y divídala en 6 pedazos iguales. Extienda cada uno formando una lágrima de 22 cm de largo, colóquelos sobre bandejas enharinadas y espolvoree con harina. Cúbralos sin presionar con un paño de cocina seco y limpio y espere a que suba en un lugar cálido durante 20 minutos.

Caliente el grill a la máxima temperatura y caliente en él una bandeja de horno grande. Pinte la masa con la mantequilla y hornéela en 2 o 3 tandas hasta que se hinchen y se doren. Amontone los panes cocinados en una fuente y cúbrala con un paño de cocina seco y limpio mientras hornea el resto.

Para preparar un pan hindú de coco, suprima las semillas. Mezcle 50 g de almendras molidas, 25 g de coco rallado, 25 g de sultanas y una pizca de azúcar. Divida la masa en 12 pedazos y extienda cada uno formando lágrimas de 12 cm de largo. Humedezca los bordes de la mitad de las lágrimas con agua y esparza en el centro la mezcla de las almendras. Rocíe con 25 g de mantequilla derretida, coloque el resto de los pedazos de masa encima y vuélvalos a extender de forma que los panes tengan aproximadamente 22 cm de largo. Pinte con mantequilla y hornee como se indica en la receta.

pan plano al estilo asiático

para **8 panes**

tiempo **1 hora y 30 minutos-
2 horas y 30 minutos**,
dependiendo de la máquina,
más tiempo de moldeado,
reposo y horneado

50 g de **semillas de sésamo**
225 ml de **agua**
1 **diente de ajo**, picado
25 g de **raíz de jengibre**, rallada
25 g de **cilantro fresco**, picado
2 cucharadas de **aceite
de sésamo**
2 cucharaditas de **sal**
450 g de **harina de fuerza
blanca para pan**
1 cucharada de **azúcar
blanquilla**
1 ¼ cucharaditas de **levadura
seca de acción rápida**

Ponga las semillas de sésamo en un robot de cocina y triture
hasta que se partan. (No las muela).

Levante y extraiga el molde de pan, ajuste la cuchilla
e incorpore los ingredientes, siguiendo el manual y añadiendo
las semillas, el ajo, el jengibre y el cilantro junto con el agua.

Encaje el molde en el interior de la máquina, cierre la tapa
y seleccione el programa para masa.

Finalizado el programa, vuelque la masa en una superficie
enharinada y divídala en 8 pedazos iguales. Extienda cada
uno formando un círculo de 20 cm de diámetro. Deje los
círculos de masa en la superficie enharinada, cubiertos
con un paño de cocina seco, durante 15 minutos.

Caliente una sartén grande y baje el fuego al mínimo. Coloque
un pedazo de masa en la sartén y cueza durante 3-4 minutos,
hasta que se dore bien. Pase el pan a una fuente y cúbralo
con un paño de cocina húmedo, mientras cuece el resto.

Para preparar rollos de pollo con especias, corte en
rodajas un manojo de cebolletas, 2 ramas de apio, caliente
3 cucharadas de aceite vegetal en una sartén y fríalo todo
durante 2 minutos. Escúrralo y páselo a una fuente. Agregue
a la sartén 3 pechugas de pollo cortadas en filetes finos
y fría a fuego fuerte, sin dejar de remover, durante 5 minutos.
Añada 4 cucharadas de salsa de chile dulce y 2 cucharaditas
de vinagre de vino de arroz. Incorpore de nuevo las cebollas
y el apio a la sartén y remueva. Con una cuchara vierta el
relleno en 4 de los rollos (el resto puede guardarlos para otra
ocasión) y esparza brotes de guisantes o judías germinadas.
Enróllelos y sírvalos calientes.

panes planos de garbanzos con especias

para **12 panes**
tiempo **1 hora y 30 minutos-
2 horas y 30 minutos**,
dependiendo de la máquina,
más tiempo de moldeado,
reposo y horneado

100 g de **pasta de** *tahini*
2 cucharadas de **aceite de oliva**
2 cucharaditas de **sal**
1 cucharada de **mezcla
de especias** *baharat*
(*véase* a continuación)
375 g de **harina de pan de trigo
kamut**
2 cucharaditas de **azúcar
mascabado claro**
1 cucharadita de **levadura seca
de acción rápida**

Ponga la pasta *tahini* en una jarra medidora y rellénela con agua caliente hasta que alcance 275 ml. Remueva hasta que la pasta *tahini* se ablande, y espere a que se temple.

Levante y extraiga el molde de pan, ajuste la cuchilla e incorpore los ingredientes, siguiendo el manual y añadiendo las especias y la harina.

Encaje el molde en el interior de la máquina, cierre la tapa y seleccione el programa para masa.

Finalizado el programa, vuelque la masa en una superficie enharinada y divídala en 12 pedazos iguales. Extienda cada uno formando un óvalo de unos 12 cm de largo. Colóquelos sobre un paño de cocina bien enharinado, cúbralos con un segundo paño limpio y espere a que suba durante 20 minutos.

Caliente el horno a 230 °C, introduzca 2 fuentes enharinadas y espere 5 minutos. Pase los panes a las fuentes y hornee durante 5-6 minutos. Retírelos y envuélvalos en un paño seco para que se mantengan blandos hasta que vaya a servirlos.

Para preparar una mezcla casera de especias *baharat*, ponga en una sartén pequeña 1 cucharadita de cada uno de los siguientes ingredientes: granos de pimienta negra, semillas de cilantro, semillas de comino y clavos enteros. Añada las semillas de 10 vainas de cardamomo y la mitad de una rama de canela desmenuzada y fría en seco las especias hasta que se tuesten. Espere a que se enfríe y viértalo en un molinillo para especias o en uno de café y triture hasta que quede bien molido. Vuélquelo en un cuenco e incorpore 1 cucharadita de pimentón dulce molido y ½ de nuez moscada recién molida. Podrá conservarlo en un recipiente hermético hasta 1 mes.

panes individuales

berlinas de canela

para **10 berlinas**

tiempo **1 hora y 30 minutos-
2 horas y 30 minutos,**
dependiendo de la máquina,
más tiempo de moldeado,
reposo y horneado

para la **masa**

1 **huevo** grande, batido

225 ml de **leche**

2 cucharaditas de **extracto
de vainilla**

25 g de **mantequilla sin sal**,
ablandada

½ cucharadita de **sal**

450 g de **harina de fuerza
blanca para pan**

50 g de **azúcar blanquilla**

1 ¼ cucharaditas de **levadura
seca de acción rápida**

para el **acabado**

100 g de **azúcar blanquilla**

1 cucharadita de **canela molida**

aceite, para cubrir las berlinas
al freírlas

Levante y extraiga el molde de pan, ajuste la cuchilla
e incorpore los ingredientes, siguiendo el manual.

Encaje el molde en el interior de la máquina, cierre la tapa
y seleccione el programa para masa.

Finalizado el programa, vuelque la masa en una superficie
enharinada y córtela en 10 pedazos iguales. Forme bolas
y colóquelas separadas en una bandeja de horno engrasada.
Cúbrala con plástico transparente impregnado en aceite
y deje que suba en un lugar cálido durante 30-40 minutos
o hasta que doble su tamaño.

Mezcle en una fuente el azúcar y la canela. Ponga 8 cm
de aceite en una sartén y caliente hasta que un pedacito de
pan chisporrotee y se dore durante unos 30 segundos.

Fría las berlinas, en tandas de 3-4, durante aproximadamente
3 minutos, dándoles la vuelta una vez para que se doren por
ambos lados. Escúrralas con una espumadera sobre varias
capas de papel de cocina y fría el resto. Reboce las berlinas en
el azúcar con la canela mientras sigan calientes. Sírvalas recién
hechas con confitura de fresa y nata montada, si lo desea.

Para preparar berlinas con salsa de chocolate, prepare
la masa y deje que suba como se indica en la receta. Ponga
100 g de chocolate para fundir en un cuenco resistente al calor
junto con 15 g de mantequilla, 4 cucharadas de azúcar lustre y
2 cucharadas de leche. Apoye el cuenco sobre una cazuela
con agua hirviendo a fuego lento y espere a que se funda, sin
parar de remover hasta que quede uniforme. Fría las berlinas,
escurriéndolas y rebozándolas en el azúcar con las especias.
Sírvalas acompañadas de jarritas con la salsa de chocolate.

grissini

para **unos 32 bastones**
tiempo **1 hora y 30 minutos-
2 horas y 30 minutos**,
dependiendo de la máquina,
más tiempo de moldeado,
reposo y horneado

para la **masa**
275 ml de **agua**
3 cucharadas de **aceite de oliva**
1 cucharadita de **sal**
475 g de **harina de fuerza
blanca para pan**
1 ½ cucharaditas de **azúcar
blanquilla**
1 ¼ cucharaditas de **levadura
seca de acción rápida**

para el **acabado**
5 cucharaditas de **semillas
de sésamo**
2 cucharaditas de **semillas
de hinojo**
1 cucharada de **romero,
albahaca** o **cebollino**,
troceados
1 **yema de huevo**, para glasear
1 cucharadita de **escamas de
sal marina**, para espolvorear

Levante y extraiga el molde de pan, ajuste la cuchilla
e incorpore los ingredientes, siguiendo el manual.

Encaje el molde en el interior de la máquina, cierre la tapa
y seleccione el programa para masa.

Finalizado el programa, vuelque la masa en una superficie
enharinada y córtela en 4 pedazos. Deje uno sin condimentar,
incorpore amasando las semillas de sésamo en el segundo,
las semillas de hinojo en el tercero y las hierbas troceadas
en el cuarto. Corte cada cuarto en 8 pedazos y forme con
cada uno un cordel de aproximadamente 25 cm de largo.
Páselos a 2 bandejas de horno engrasadas, cúbralas sin
presionar con un plástico transparente impregnado en aceite
y déjelas en un lugar cálido durante 30 minutos o hasta
que la masa haya subido bien.

Pinte los bastones con la yema de huevo mezclada con
1 cucharada de agua y espolvoree los no condimentados
con las escamas de sal. Precaliente el horno a 200 °C,
hornee durante 6-8 minutos hasta que se doren y páselos
a una rejilla para que se enfríen.

Para preparar *grissini* **con sal aromática**, desmenuce la
mitad de una hoja pequeña de laurel en un molinillo de café
(que sólo utilice para moler hierbas) con ½ cucharadita
de tomillo picado, ½ cucharadita de romero picado, ¼ de
cucharadita de semillas de apio y ¼ de cucharadita de chiles
secos. Sin dejar de remover, incorpore otra cucharadita de
sal marina. Prepare la masa de los *grissini* como se indica
en la receta, y deles forma sin añadir ni las semillas ni las
hierbas. Pinte con el glaseado de la yema de huevo, espolvoree
la sal aromática y termine como se indica en la receta.

pastitas de té afrutadas

para **8 pastitas de té**
tiempo **1 hora y 30 minutos-
2 horas y 30 minutos,**
dependiendo de la máquina,
más tiempo de moldeado,
reposo y horneado

para la **masa**
300 ml de **leche**
50 g de **mantequilla sin sal,**
ablandada
½ cucharadita de **sal**
1 cucharadita de **surtido
de especias molidas**
2 cucharaditas de **pasta de
vaina de vainilla** o **extracto
de vainilla**
450 g de **harina de fuerza
blanca para pan**
75 g de **azúcar mascabado
claro**
1 ¼ cucharaditas de **levadura
seca de acción rápida**
150 g de **surtido de frutas
secas**, para glasear
para el **acabado**
huevo batido, para glasear
azúcar blanquilla,
para espolvorear

Levante y extraiga el molde de pan, ajuste la cuchilla
e incorpore los ingredientes, a excepción de la fruta seca,
siguiendo el manual.

Encaje el molde en el interior de la máquina, cierre la tapa,
seleccione el programa para masa, y añada la fruta seca
cuando la máquina pite.

Finalizado el programa, vuelque la masa en una superficie
enharinada y córtela en 8 pedazos iguales. Forme una bola con
cada uno y colóquelas a aproximadamente 3 cm de distancia
en una bandeja de horno grande y engrasada. Cúbrala sin
presionar con plástico transparente impregnado en aceite y
déjela en un lugar cálido durante aproximadamente 30 minutos
o hasta que prácticamente haya doblado su tamaño.

Pinte con el huevo batido, precaliente el horno a 220 °C
y hornee durante 15-20 minutos hasta que suba y se dore.
Páselo a una rejilla y espolvoree con el azúcar blanquilla.
Sírvalas abiertas por la mitad y untadas con mantequilla.

Para preparar bollitos alargados glaseados, bata 2 huevos
y rellene con leche hasta alcanzar 300 ml. Prepare la masa
como se indica en la receta, omitiendo el surtido de especias
y la fruta seca y sustituyendo los 300 ml de leche por la
mezcla de huevos y leche. Coloque la masa en una superficie
enharinada y córtela en 8 pedazos iguales. Forme un rollo
alargado con cada uno y colóquelos en una bandeja de horno
engrasada a una distancia de unos 4 cm. Espere a que los
bollitos suban y hornéelos siguiendo la receta. Una vez fríos,
esparza por encima el glaseado, que se elabora mezclando
100 g de azúcar lustre con 2-3 cucharaditas de zumo
de naranja o de limón.

lacitos salados

para **35-40 lacitos**
tiempo **1 hora y 30 minutos-
2 horas y 30 minutos**,
dependiendo de la máquina,
más tiempo de moldeado,
reposo y horneado

para la **masa**
275 ml de **leche**
1 cucharadita de **sal**
300 g de **harina de fuerza
blanca para pan**
75 g de **harina de centeno**
1 cucharada de **azúcar
blanquilla**
1 cucharadita de **levadura seca
de acción rápida**

para el **acabado**
4 cucharaditas de **sal marina**
2 cucharaditas de **azúcar
blanquilla**

Levante y extraiga el molde de pan de la máquina,
ajuste la cuchilla e incorpore los ingredientes, siguiendo
el manual. Encaje el molde en el interior de la máquina,
cierre la tapa y seleccione el programa para masa.

Ponga 2 cucharaditas de sal marina en una cazuela pequeña
junto con el azúcar y 3 cucharadas de agua. Caliente hasta que
se disuelvan y páselo a un cuenco . Engrase 2 bandejas de horno.

Finalizado el programa, vuelque la masa sobre una superficie
enharinada y extiéndala formando un rectángulo de unos
35 × 25 cm. Cúbralo sin presionar con un paño de cocina
seco y deje que repose durante 20 minutos. Corte el rectángulo
horizontalmente a intervalos de 1 cm. Coja un pedazo
de masa, una los extremos y retuérzalos, presionándolos
por el lado curvado para darle forma al lacito. Forme
más lacitos con el resto de la masa y colóquelos en 2 bandejas
de horno engrasadas. Cúbralas sin presionar con un plástico
transparente impregnado en aceite y déjelas reposar durante
20 minutos más.

Precaliente el horno a 220 °C y hornee durante 8 minutos
hasta que se doren. Pinte con el glaseado de sal, espolvoree
con más sal y espere a que se enfríe en una rejilla.

Para preparar bastoncitos de romero y ajo, prepare
la masa como se indica en la receta, añadiendo 1 diente
de ajo machacado y 1 cucharada de romero muy picado
junto con la leche. Extienda la masa y córtela en tiras de
25 cm y divídalas por la mitad en bastones más cortos.
Pinte con yema de huevo mezclada con 2 cucharaditas
de agua y 1 de azúcar. Colóquelos en bandejas de horno
engrasadas y hornee como se indica en la receta.

bollitos de manchego y chorizo

para **12 bollitos**

tiempo **1 hora y 30 minutos-
2 horas y 30 minutos**,
dependiendo de la máquina,
más tiempo de moldeado,
reposo y horneado

225 ml de **agua**

3 cucharadas de **aceite de oliva**

100 g de **queso manchego**,
rallado

1 cucharadita de **sal**

1 cucharadita de **pimentón
picante** molido

450 g de **harina de fuerza
blanca para pan**

2 cucharaditas de **azúcar
blanquilla**

1 ¼ cucharaditas de **levadura
seca de acción rápida**

125 g de **chorizo**, cortado
en dados

Levante y extraiga el molde de pan de la máquina, ajuste
la cuchilla e incorpore los ingredientes al molde, a excepción
del chorizo, siguiendo el manual.

Encaje el molde en el interior de la máquina y cierre la tapa.
Seleccione el programa para masas y añada el chorizo cuando
la máquina pite.

Finalizado el programa, vuelque la masa en una superficie
enharinada, divídala en 12 pedazos iguales y forme una
bola con cada uno. Corte cuadrados de papel de hornear
de 12 ×15 cm, coloque uno en una bandeja de bollitos
o buñuelos, deje caer encima una bola de masa y repita
el proceso con el resto. Cúbralos sin presionar con un paño
de cocina limpio y seco y déjelo en un lugar cálido durante
30 minutos, hasta que suban.

Con unas tijeras de cocina corte horizontalmente la parte
superior de cada bollito. Precaliente el horno a 220 °C, hornee
durante 20 minutos hasta que suban y se doren y páselos
a una rejilla para que se enfríen.

Para preparar una corona de parmesano y jamón,
fría 100 g de jamón troceado en 1 cucharada de aceite
de oliva hasta que se dore ligeramente. Prepare la masa
como se indica en la receta, utilizando 75 g de queso
parmesano rallado en lugar del manchego y añadiendo el
jamón cuando la máquina pite. Una vez formadas las bolas
de masa, colóquelas en un molde redondo engrasado de
20 cm. Deje que suban y hornee como se indica en la receta,
aumentando el tiempo de cocción a 25-30 minutos. Después
de hornear, páselos a una rejilla para que se enfríen y sírvalos
como bollitos individuales.

mini panecillos de habas y queso de cabra

para **10 panecillos**
tiempo **1 hora y 30 minutos-
2 horas y 30 minutos**,
dependiendo de la máquina,
más tiempo de moldeado,
reposo y horneado

para la **masa**
275 ml de **agua**
3 cucharadas de **aceite de oliva**
3 cucharadas de **cebollinos**,
cortados con tijera
½ cucharadita de **pimienta
negra**, más un poco para
espolvorear
1 ½ cucharaditas de **sal**
475 g de **harina de fuerza
blanca para pan**
1 cucharadita de **azúcar
blanquilla**
1 ¼ cucharaditas de **levadura
seca de acción rápida**

para el **acabado**
100 g de **habas baby** o **semillas
de soja** congeladas
200 g de **queso de cabra**
blando, en dados
leche, para pintar

Levante y extraiga el molde de pan, ajuste la cuchilla
e incorpore los ingredientes, siguiendo el manual.

Encaje el molde en el interior de la máquina, cierre la tapa
y seleccione el programa para masa.

Cueza las habas en agua hirviendo durante 1 minuto.
Enjuáguelas en agua fría y séquelas dándoles golpecitos
sobre un papel de cocina.

Finalizado el programa, vuelque la masa sobre una superficie
enharinada, esparza las habas y el queso y mezcle amasando
hasta que queden distribuidos de forma uniforme. Corte
la masa en 10 pedazos iguales.

Engrase 10 moldes de pan individuales y colóquelos en una
bandeja de horno. Introduzca un pedazo de masa en cada molde
(si no dispone de moldes individuales, forme bolas con la masa).
Cúbralos sin presionar con plástico transparente impregnado en
aceite y deje que suban en un lugar cálido durante 30-40 minutos
o hasta que hayan doblado su tamaño.

Pinte con un poco de leche, espolvoree con el resto de
la pimienta negra. Precaliente el horno a 220 °C y hornee
durante 20-25 minutos hasta que suban y se doren
ligeramente y páselos a una rejilla para que se enfríen.

Para preparar panecillos de pepino, menta y feta, prepare
la masa como se indica en la receta y añada 2 cucharadas de
menta troceada cuando la máquina pite. Incorpore amasando
200 g de queso feta desmenuzado y 75 g de pepinos en
vinagre escurridos y troceados en lugar de las habas y el queso
de cabra. Forme 10 bolas y colóquelas separadas sobre una
bandeja de horno engrasada y siga como se indica en la receta.

mini panecillos de mesa

para **10 panecillos**

tiempo **1 hora y 30 minutos-
2 horas y 30 minutos**,
dependiendo de la máquina,
más tiempo de moldeado,
reposo y horneado

para la **masa**
275 ml de **agua**
30 g de **mantequilla sin sal**,
ablandada
1 cucharadita de **sal**
475 g de **harina de fuerza
blanca para pan**
1 cucharadita de **azúcar
blanquilla**
1 ¼ cucharaditas de **levadura
seca de acción rápida**

para el **acabado**
1 **yema de huevo**, para glasear
semillas de amapola o de
**mostaza negra, semillas de
sésamo, semillas de hinojo,
pimentón dulce, ramitas
de romero, especias
cajún ligeramente molidas**
y **sal marina gorda**

Levante y extraiga el molde de pan, ajuste la cuchilla e incorpore los ingredientes, siguiendo el manual. Encaje el molde en el interior de la máquina, cierre la tapa y seleccione el programa para masas. Al final del programa vuelque la masa sobre una superficie enharinada y córtela en 10 pedazos.

Coja 2 pedazos de masa y deles forma de cordel de 25 cm de largo. Enrolle cada pedazo en forma de espiral. Coja 2 pedazos más, divídalos en 3 bolas pequeñas y colóquelas formando un triángulo, con las bolas en contacto de forma que tengan forma de trébol. Coja otros 2 pedazos, deles forma de círculo y con unas tijeras realice 5 o 6 cortes desde el filo al centro de cada uno. Coja 2 pedazos de masa y deles forma de cordel de 23 cm de largo. Curve 1 extremo de 1 de los cordeles, ensarte el otro para formar un nudo y repita el proceso con el otro. Forme 2 óvalos con otros 2 pedazos de masa, con unas tijeras realice 4 pequeños cortes horizontales en la parte superior de cada uno e introduzca en ellos ramitas de romero. Coloque los bollitos en fuentes de horno grandes y engrasadas.

Cúbralas sin presionar con plástico transparente impregnado en aceite y deje que suban en un lugar cálido durante 20 minutos. Pinte con la yema de huevo mezclada con 1 cucharada de agua y espolvoree con las semillas, las especias, las hierbas y la sal. Precaliente el horno a 200 °C, hornee durante 10 minutos hasta que se doren y páselos a una rejilla para que se enfríen.

Para preparar panecillos de mesa con aceitunas y pesto,
prepare la masa como se indica en la receta, sustituyendo 25 ml de agua por 2 cucharadas de pesto. Agregue 50 g de aceitunas verdes o negras troceadas cuando la máquina pite. Forme panecillos individuales y siga según la receta.

espirales con especias

para **12 espirales**

tiempo **1 hora y 30 minutos-
2 horas y 30 minutos**,
dependiendo de la máquina,
más tiempo de moldeado,
reposo y horneado

2 cucharaditas de **chiles secos**
  machacados
2 cucharaditas de **semillas
  de comino**
1 cucharada de **semillas
  de cilantro**
2 cucharaditas de **semillas
  de hinojo**
275 ml de **agua**
2 cucharadas de **aceite de
  girasol**
1 cucharadita de **sal**
475 g de **harina de fuerza
  blanca para pan**
1 cucharadita de **azúcar
  blanquilla**
1 ¼ cucharaditas de **levadura
  seca de acción rápida**
1 **yema de huevo**, para glasear

Machaque los chiles secos y las semillas de comino, cilantro e
hinojo en un mortero y reserve 1 cucharadita para espolvorear.
Levante y extraiga el molde de pan, ajuste la cuchilla e incorpore
los ingredientes, siguiendo el manual y añadiendo las especias
machacadas junto con la harina. Seleccione el programa
para masas.

Finalizado el programa, vuelque la masa en una superficie
enharinada y córtela en 12 trozos. Extienda cada pedazo
formando un cordel de unos 30 cm de largo, enróllelos
dándoles forma de espiral y colóquelos en 2 bandejas de
horno engrasadas a bastante distancia entre sí. Cúbralas
sin presionar con plástico transparente impregnado en aceite
y deje que suban en un lugar cálido durante 25-30 minutos.

Mezcle la yema de huevo con 1 cucharada de agua y pinte
la masa. Espolvoree con las especias machacadas reservadas,
siguiendo el patrón de la espiral.

Precaliente el horno a 220 °C, hornee durante 8-10 minutos,
hasta que se doren y las bases suenen a hueco al darles
golpecitos, y páselos a una rejilla para que se enfríen.

Para preparar nudos con sésamo, ponga 50 g de semillas
de sésamo en una sartén pequeña y fría en seco a fuego lento,
agitando la sartén, hasta que las semillas empiecen a tostarse.
Prepare la masa como se indica en la receta, sustituyendo las
especias machacadas por las semillas tostadas. Divida la masa
en 12 pedazos iguales y forme con cada uno un cordel de unos
23 cm de largo. Haga un nudo con cada uno y colóquelos bien
separados en las fuentes de horno. Termine como se indica
en la receta, espolvoreando los nudos con semillas de sésamo.

128

mini panecillos con chirivía

para **10 panecillos**
tiempo **1 hora y 30 minutos-
2 horas y 30 minutos**,
dependiendo de la máquina,
más tiempo de cocido,
moldeado, reposo y horneado

150 g de **chirivías pequeñas**,
troceadas
2 cucharadas de **aceite de oliva**
1 buen pellizco de **hebras
de azafrán**, desmenuzadas
1 ½ cucharaditas de **sal**
450 g de **harina de fuerza
blanca para pan**
1 cucharadita de **azúcar
blanquilla**
1 ¼ cucharaditas de **levadura
seca de acción rápida**
4 cucharadas de **perejil**, picado
1 **chile rojo**, medio picante, sin
semillas y cortado en rodajas
finas
leche, para pintar

Cueza las chirivías en agua hirviendo durante 10 minutos
hasta que estén tiernas. Escúrralas, reserve el líquido,
prepare un puré y deje que se enfríe.

Mida 275 ml del jugo de la cocción, alcanzando dicha cantidad
con agua si fuera necesario. Levante y extraiga el molde de pan
de la máquina, ajuste la cuchilla e incorpore los ingredientes, a
excepción del perejil y el chile, siguiendo el manual y añadiendo
el puré de chirivías junto con el líquido. Encaje el molde en el
interior de la máquina y cierre la tapa. Seleccione el programa
para masa y añada el chile y el perejil cuando la máquina pite.

Finalizado el programa, vuelque la masa en una superficie
enharinada y córtela en 10 trozos. Engrase moldes de flan de
10 × 150 ml. Forme una bola con cada pedazo e introdúzcalas
en los moldes. Colóquelos en una fuente de horno y cúbralos
sin presionar con plástico transparente impregnado en aceite.
Déjelos en un lugar cálido durante 25-30 minutos o hasta
que la masa haya subido por encima de los moldes.

Pinte con leche, precaliente el horno a 220 °C, hornee durante
10-15 minutos, hasta que se doren y las bases suenen a hueco
al darles golpecitos con las puntas de los dedos, y páselos
a una rejilla para que se enfríen.

Para preparar panecillos integrales de cebolla y zanahoria,
cueza 150 g de zanahorias en abundante agua hasta que
estén tiernas. Escúrralas y prepare un puré, reservando
275 ml del jugo de la cocción. Fría 1 cebolla pequeña troceada
en 1 cucharada de aceite de oliva hasta que quede tierna.
Prepare el pan como se muestra en la receta y sustituya
las chirivías por las zanahorias y el líquido, y 200 g de la harina
blanca por harina integral.

panecillos con albahaca y tomates cherry

para **8 panecillos**

tiempo **1 hora y 30 minutos-
2 horas y 30 minutos**,
dependiendo de la máquina,
más tiempo de moldeado,
reposo y horneado

para la **masa**

300 ml de **agua**

25 g de **hojas de albahaca**

6 cucharadas de **aceite de oliva**
virgen extra

1 ½ cucharaditas de **sal**

½ cucharadita de **orégano seco**

475 g de **harina de fuerza
blanca para pan**

1 cucharadita de **azúcar
blanquilla**

1 ¼ cucharaditas de **levadura
seca de acción rápida**

2 cucharadas de **alcaparras,**
enjuagadas y escurridas

para el **acabado**

4 cucharadas de **pasta
de tomate secado al sol**

600g de **tomates cherry,**
partidos por la mitad

150 ml de **yogur griego**

4 cucharadas de **mayonesa**

½ cucharadita de **pimienta
negra**

sal

Parta en pedazos pequeños la mitad de las hojas de albahaca. Levante y extraiga el molde de pan, ajuste la cuchilla e incorpore al molde el agua, 3 cucharadas de aceite de oliva, la sal, el orégano, la harina, el azúcar y la levadura, siguiendo el manual. Seleccione el programa para masa y añada las hojas partidas de albahaca y las alcaparras cuando la máquina pite.

Finalizado el programa, vuelque la masa en una superficie enharinada y divídala en 8 pedazos iguales. Forme un círculo con cada uno de aproximadamente 15 cm de diámetro y colóquelos en 2 fuentes de horno grandes y engrasadas a una distancia de unos 5 cm. Cúbralas con plástico transparente impregnado en aceite y deje que suban en un lugar cálido durante 30 minutos.

Esparza la pasta de tomate a 1 cm de los bordes y ponga las mitades de tomate. Precaliente el horno a 230 °C y hornee durante 15 minutos hasta que suban y los tomates se ablanden.

Entretanto, corte el resto de la albahaca y mézclela con el yogur, la mayonesa, la pimienta y un poco de sal. Pase los panecillos a fuentes de servir, rocíe con el resto del aceite y espolvoree con un poco más de sal. Sírvalos acompañados con un poco de yogur.

Para preparar panecillos con estragón y espárragos,

prepare la masa como se muestra en la receta, añadiendo a la masa un puñado de hojas de estragón en lugar de la albahaca. Recorte 400 g de puntas de espárragos, en caso de ser muy largas pártalas por la mitad y escáldelas en agua hirviendo durante 1 minuto. Divida la masa siguiendo la receta y forme óvalos de 18 cm de largo. Esparza 4 cucharadas de pesto y amontone los espárragos por encima. Rocíe con aceite de oliva y espolvoree con sal antes de servirlos.

rosquillas con almendras y guindas

para **10 rosquillas**
tiempo **1 hora y 30 minutos-
2 horas y 30 minutos**,
dependiendo de la máquina,
más tiempo de moldeado,
reposo y horneado

para la **masa**
1 **huevo** grande, batido
150 ml de **leche**
75 g de **mantequilla sin sal**,
ablandada
¼ de cucharaditas de **sal**
325 g de **harina de fuerza
blanca para pan**
75 g de **almendras molidas**
50 g de **azúcar dorado**
1 ¼ cucharaditas de **levadura
seca de acción rápida**
150 g de **guindas secas**

para el **acabado**
huevo batido, para glasear
almendras fileteadas,
para esparcir por encima
azúcar lustre, para espolvorear

Levante y extraiga el molde de pan de la máquina, ajuste
la cuchilla e incorpore los ingredientes de la masa al molde,
a excepción de las guindas, siguiendo el manual.

Encaje el molde en el interior de la máquina y cierre la tapa.
Seleccione el programa para masa y añada las guindas cuando
la máquina pite.

Finalizado el programa, vuelque la masa en una superficie
enharinada y divídala en 10 trozos iguales. Forme una bola con
cada uno y haga un agujero en el centro con el dedo enharinado,
agrandándolo poco a poco dando vueltas con el dedo.

Coloque los aros de masa a 4 cm de distancia en 2 fuentes de
horno grandes y engrasadas. Cúbralas sin presionar con plástico
transparente impregnado en aceite y deje que suban en un lugar
cálido hasta que prácticamente hayan doblado su tamaño.

Pinte los aros ligeramente con el huevo batido y esparza
por encima almendras fileteadas en abundancia. Precaliente
el horno a 220 °C, hornee durante 10-15 minutos hasta
que suban y se doren ligeramente y páselos a una rejilla
para que se enfríen. Sírvalos espolvoreados con azúcar lustre.

Para preparar rosquillas de manzana y nueces pacanas,
prepare la masa como se indica en la receta, añadiendo
1 cucharadita de surtido de especias y sustituyendo
las guindas por 75 g de nueces pacanas picadas y 75 g
de manzanas para repostería. Una vez horneados, mezcle
100 g de azúcar lustre con 2-3 cucharaditas de agua, Para
preparar un glaseado poco espeso, y rocíe las rosquillas.

savarins de higos y clementina

para **8** *savarins*
tiempo **1 hora y 30 minutos-
2 horas y 30 minutos**,
dependiendo de la máquina,
más tiempo de moldeado,
reposo y horneado

para la **masa**
2 **huevos**, batidos
75 ml de **leche**
75 g de **mantequilla sin sal**,
ablandada
¼ de cucharadita de **sal**
250 g de **harina de fuerza
blanca para pan**
40 g de **azúcar dorado**
1 cucharadita de **levadura seca
de acción rápida**

para el **acabado**
200 g de **azúcar dorado**
5 cucharadas de **Drambuie**
o **licor con sabor a naranja**
2 cucharadas de **zumo de limón**
6 **clementinas**, peladas
y en gajos
4 **higos** frescos, cada uno
cortado en 6 cuñas

Levante y extraiga el molde de pan de la máquina, ajuste la cuchilla e incorpore los ingredientes de la masa al molde siguiendo el manual.

Encaje el molde en el interior de la máquina, cierre la tapa y seleccione el programa para masa.

Finalizado el programa, vuelque la masa en una superficie enharinada y divídala en 8 trozos iguales. Engrase 8 moldes para flan, o moldes metálicos individuales de un tamaño similar, e introduzca en ellos los pedazos de masa. Cúbralos sin presionar con plástico transparente impregnado en aceite y espere a que suban en un lugar cálido hasta que la masa alcance la parte superior de los moldes.

Precaliente el horno a 220 °C y hornee durante 15 minutos hasta que suban y se doren.

Prepare el almíbar. Ponga el azúcar en una cazuela mediana con 500 ml de agua y caliente a fuego lento hasta que el azúcar se haya disuelto. Llévelo a ebullición, cueza durante 5 minutos y, sin dejar de remover, incorpore el licor y el zumo de limón. Añada las clementinas, cueza a fuego lento durante 1 minuto y, a continuación, agregue las clementinas, cueza durante 30 segundos más y cuele las frutas.

Retire los *savarins* de los moldes y con una cuchara vierta 2 cucharadas del almíbar por encima de cada uno. Hierva el almíbar restante, redúzcalo aproximadamente a la mitad para que quede muy caramelizado y espere a que se enfríe.

Coloque los *savarins* y las frutas en fuentes de servir y vierta por encima el almíbar antes de servir.

panecillos crujientes con sal y pimienta

para **12 panecillos**
tiempo **1 hora y 30 minutos-
2 horas y 30 minutos**,
dependiendo de la máquina,
más tiempo de moldeado,
reposo y horneado

275 ml de **agua**
25 g de **mantequilla sin sal**,
ablandada
475 g de **harina de fuerza
blanca para pan**
1 cucharadita de **azúcar
blanquilla**
1 ¼ cucharaditas de **levadura
seca de acción rápida**
2 cucharaditas de **sal marina**
2 cucharaditas de **granos de
pimientas de varios colores**,
picados
1 cucharada de **harina
de sémola**
leche, para pintar

Levante y extraiga el molde de pan de la máquina, ajuste la
cuchilla e incorpore al molde el agua, la mantequilla, la harina,
el azúcar, la levadura y ½ cucharadita de sal, siguiendo el manual.

Encaje el molde en el interior de la máquina, cierre la tapa
y seleccione el programa para masa.

Mezcle el resto de la sal con la pimienta y la sémola
y espolvoree la mezcla en una fuente.

Finalizado el programa, vuelque la masa en una superficie
enharinada y córtela en 12 pedazos iguales. Forme una bola
con cada uno y pinte las superficies ligeramente con leche.
Reboce en la mezcla de sal y pimienta y colóquelas en una
bandeja de horno grande y engrasada a aproximadamente
4 cm de distancia. Cúbrala sin presionar con un paño de
cocina limpio y seco y deje que suban en un lugar cálido
durante 30 minutos.

Precaliente el horno a 220 °C, hornee durante unos 10 minutos
hasta que suban y se doren y páselos a una rejilla para que
se enfríen.

Para preparar panecillos cubiertos de harina, prepare
la masa como se indica en la receta, aumentando la sal de la
masa a 1 cucharadita y sustituyendo el agua por leche. Al final
del programa, divida la masa en 8 pedazos iguales y forme
un óvalo plano con cada uno de aproximadamente 1 cm de
grosor. Colóquelos en una fuente de horno enharinada, pinte
ligeramente con leche y espolvoree con abundante harina.
Espere a que reposen sin tapar durante 30 minutos. Haga
un hueco en el centro de cada panecillo y hornee siguiendo
la receta hasta que se doren por los bordes.

panecillos abiertos de Devonshire

para **12 panecillos abiertos**
tiempo **1 hora y 30 minutos-
2 horas y 30 minutos**,
dependiendo de la máquina,
más tiempo de moldeado,
reposo y horneado

para la **masa**
300 ml de **agua fría**
2 cucharadas de **mantequilla**,
a temperatura ambiente
½ cucharadita de **sal**
2 cucharadas de **leche en polvo**
500 g de **harina de fuerza
blanca para pan**
2 cucharaditas de **azúcar
blanquilla**
1 ¼ cucharaditas de **levadura
seca de acción rápida**

para el **acabado**
huevo batido, para glasear
250 g de **confitura de fresa**
250 g de **nata cuajada**
azúcar lustre, para espolvorear

Levante y extraiga el molde de pan de la máquina, ajuste la cuchilla e incorpore los ingredientes de la masa al molde, siguiendo el manual.

Encaje el molde en el interior de la máquina, cierre la tapa y seleccione el programa para masa.

Finalizado el programa, vuelque la masa en una superficie enharinada y córtela en 12 pedazos iguales. Forme una bola con cada uno y colóquelas en una bandeja de horno grande y engrasada, dejando un pequeño espacio alrededor de cada una. Cúbralas sin presionar con plástico transparente impregnado en aceite y deje que suban en un lugar cálido durante 20-30 minutos.

Pinte los panecillos con huevo batido, precaliente el horno a 200 °C, hornee durante 10 minutos hasta que se doren y las bases suenen a hueco al darles golpecitos con las puntas de los dedos y páselos a una rejilla para que se enfríen.

Cuando estén listos para servir, haga un corte diagonal profundo, pero sin llegar a la base. Con una cuchara vierta la confitura en el corte y añada cucharadas de nata cuajada. Páselos a fuentes de servir y espolvoree con el azúcar lustre.

Para preparar panecillos abiertos al limón, prepare y hornee la masa como se indica en la receta, añadiendo a la masa las cáscaras muy ralladas de 2 limones. Para el acabado, corte los panecillos como antes y rellénelos con un poco de nata montada y crema de limón.

espirales con jengibre y manzana

para **12 espirales**
tiempo **1 hora y 30 minutos-
2 horas y 30 minutos**,
dependiendo de la máquina,
más tiempo de moldeado,
reposo y horneado

para la **masa**
2 **huevos**, batidos
175 ml de **leche**
2 cucharadas de **mantequilla**,
a temperatura ambiente
½ cucharadita de **sal**
500 g de **harina de fuerza
blanca para pan**
50 g de **azúcar blanquilla**
1 ¼ cucharaditas de **levadura
seca de acción rápida**

para el **relleno**
400 g de **manzanas para
cocinar**, peladas y sin corazón
1 cucharada de **zumo de limón**
2 cucharadas de **agua**
50 g de **azúcar blanquilla**
125 g de **surtido de frutas
secas de buena calidad**
2 cucharadas de **jengibre
glaseado**, ya cortado

para el **acabado**
2 cucharadas de **azúcar
blanquilla**
4 cucharadas de **leche**
azúcar lustre, para espolvorear

Levante y extraiga el molde de pan de la máquina, ajuste la cuchilla e incorpore los ingredientes, siguiendo el manual. Encaje el molde en el interior de la máquina, cierre la tapa y seleccione el programa para masa.

Entretanto prepare el relleno. Corte en dados las manzanas y colóquelas en una cazuela con el zumo de limón, al agua, el azúcar y la fruta seca. Tápelo y hierva durante 5 minutos hasta que empiecen a ablandarse. Retire la tapa y cueza durante 3-5 minutos más hasta que el líquido se haya evaporado, las manzanas estén tiernas y las frutas secas se hayan hinchado. Sin dejar de remover, incorpore el jengibre y deje que se enfríe.

Finalizado el programa, vuelque la masa sobre una superficie enharinada y forme un rectángulo de unos 38 × 30 cm.

Esparza la mezcla de manzana por encima de la masa, a una distancia de los bordes de unos 2 cm, y enróllela comenzando por uno de los bordes más largos.

Corte la masa en 12 rebanadas gruesas y colóquelas, con el corte en la parte superior, formando 3 hileras de 4 espirales en un bandeja para asado untada con mantequilla, con una base de 30 × 20 cm. Cúbrala sin presionar con plástico transparente impregnado en aceite y deje que suba en un lugar cálido durante 30 minutos.

Precaliente el horno a 200 °C, hornee durante 20-25 minutos hasta que se doren y las espirales del centro suenen a hueco al darles golpecitos. Cuando estén casi listas, prepare el glaseado calentando el azúcar y la leche hasta que el azúcar se haya disuelto. Cueza durante 1 minuto, pinte las espirales aún calientes y espolvoree con el azúcar lustre.

panes para celebraciones

ciambella mandorlata

para **1 pan grande**
(unas 15 rebanadas gruesas)
tiempo **1 hora y 30 minutos-
2 horas y 30 minutos,**
dependiendo de la máquina,
más tiempo de moldeado,
reposo y horneado

para la **masa**
2 **huevos**, batidos
100 ml de **leche**
la cáscara muy rallada de
2 **limones**, más 3 cucharadas
de zumo
75 g de **mantequilla sin sal,**
ablandada
1 cucharadita de **sal**
½ cucharadita de **canela molida**
450 g de **harina de fuerza
blanca para pan**
75 g de **azúcar blanquilla**
1 ½ cucharaditas de **levadura
seca de acción rápida**

para el **acabado**
15 g de **mantequilla sin sal,**
derretida y enfriada
1 cucharadita de **canela molida**
3 cucharadas de **azúcar
blanquilla**
100 g de **almendras
escaldadas**, muy picadas
1 **yema de huevo**, para glasear

Levante y extraiga el molde de pan, ajuste la cuchilla e incorpore los ingredientes, siguiendo el manual, y agregando la cáscara y el zumo de limón junto con la leche. Encaje el molde en el interior de la máquina, cierre la tapa y seleccione el programa para masa.

Ponga en un cuenco la mantequilla derretida e incorpore, sin dejar de remover, la canela, el azúcar y las almendras hasta lograr una mezcla uniforme.

Finalizado el programa, vuelque la masa en una superficie enharinada y córtela por la mitad. Forme con cada pedazo dos cordeles gruesos de aproximadamente 45 cm de longitud. Enrosque los cordeles y colóquelos en una bandeja de horno engrasada y forrada, formando con los extremos una media luna. Cúbrala con plástico transparente impregnado en aceite y deje que suba en un lugar cálido durante 50-60 minutos o hasta que su tamaño se haya incrementado en la mitad.

Mezcle la yema de huevo con 1 cucharadita de agua y pinte la masa por encima. Esparza la mezcla de las almendras, presionándola ligeramente en la masa. Precaliente el horno a 200 °C, hornee durante unos 35 minutos hasta que esté bien dorado, cubriendo el pan con papel de aluminio, si comienza a dorarse demasiado y páselo a una rejilla para que se enfríe.

Para preparar un pan trenzado con praliné de naranja y nueces, prepare la masa como se indica en la receta, utilizando cáscara y zumo de naranja en lugar del limón. Para la cobertura, sustituya las almendras por nueces troceadas y el azúcar blanquilla por azúcar mascabado claro y termine como se indica en la receta.

corona de pascua griega

para **1 pan grande**
(unas 15 rebanadas gruesas)
tiempo **1 hora y 30 minutos-**
2 horas y 30 minutos,
dependiendo de la máquina,
más tiempo de moldeado,
reposo y horneado

para la **masa**
2 **huevos**, batidos
200 ml de **leche**
3 cucharadas de **brandy**
50 g de **mantequilla sin sal**,
derretida
½ cucharadita de **sal**
2 cucharaditas de **carvi**
625 g de **harina de fuerza**
blanca para pan
25 g de **azúcar blanquilla**
2 cucharaditas de **levadura seca**
de acción rápida

para el **acabado**
huevo batido, para glasear
1 **clara de huevo**
2 cucharaditas de **azúcar**
blanquilla
5 **huevos cocidos**, pintados de
rojo con colorante alimentario
50 g de **almendras escaldadas**

Levante y extraiga el molde de pan, ajuste la cuchilla
e incorpore los ingredientes, siguiendo el manual y agregando
el brandy junto con la leche.

Encaje el molde en el interior de la máquina, cierre la tapa
y seleccione el programa para masa.

Finalizado el programa, vuelque la masa en una superficie
enharinada y córtela en 3 pedazos iguales. Forme con cada
uno un cordel de aproximadamente 50 cm de largo, trence
los 3 cordeles y páselos cuidadosamente a una bandeja
de horno grande y engrasada, doblando los extremos para
formar una bola de masa trenzada y circular. Pinte ligeramente
la superficie con el huevo batido, cúbrala sin presionar con
plástico transparente impregnado en aceite y deje que suba
en un lugar cálido durante aproximadamente 45 minutos
o hasta que prácticamente haya doblado su tamaño.

Mezcle la yema de huevo con el azúcar y pinte la masa
por encima. Introduzca suavemente los huevos duros en la
superficie y decore con las almendras. Precaliente el horno
a 200 °C y hornee durante aproximadamente 50 minutos
hasta que la masa suene a hueco al darle golpecitos con
las puntas de los dedos. Si la superficie comienza a dorarse
demasiado, cúbrala con papel de aluminio durante el horneado.
Páselo a una rejilla para que se enfríe.

Para preparar mantequilla de miel, como acompañamiento
del pan tostado para el desayuno, ponga en un cuenco
100 g de mantequilla sin sal derretida y bata hasta que
quede homogénea. Agregue 150 g de miel cristalizada
y bata bien hasta que la mezcla quede uniforme. Páselo a
un plato pequeño y refrigérela hasta que esté lista para servir.

stollen

para **1 pan pequeño**
(unas 10 rebanadas gruesas)
tiempo **1 hora y 30 minutos-
2 horas y 30 minutos**,
dependiendo de la máquina,
más tiempo de moldeado,
reposo y horneado

para la **masa**
200 ml de **leche**
la cáscara muy rallada
1 **limón**
50 g de **mantequilla sin sal**,
ablandada
½ cucharadita de **sal**
½ cucharadita de **surtido
de especias molidas**
350 g de **harina de fuerza
blanca para pan**
50 g de **azúcar dorado**
1 ¼ cucharaditas de **levadura
seca de acción rápida**
75 g de **sultanas**
50 g de **avellanas escaldadas**,
troceadas
50 g de **cáscara confitada**,
troceada

para el **acabado**
250 g de **mazapán de
avellanas**, (*véase* más abajo)
o **mazapán de almendras**,
(*véanse* págs. 184-185)
azúcar lustre, para espolvorear

Levante y extraiga el molde de pan, ajuste la cuchilla e incorpore los ingredientes, a excepción de las sultanas, siguiendo el manual.

Encaje el molde en el interior de la máquina, cierre la tapa, seleccione el programa para masa e incorpore las sultanas, las avellanas y la cáscara cuando la máquina pite.

Finalizado el programa, vuelque la masa en una superficie enharinada y extiéndala formando un óvalo de unos 30 × 18 cm. Disponga el mazapán en forma de cilindro a lo largo de la masa y ligeramente retirado del centro. Pinte uno de los bordes más largos con un poco de agua y pliegue el pedazo de masa más ancho por encima del relleno, presionando ligeramente.

Pase el *stollen* a una bandeja de horno grande y engrasada y cúbrala sin presionar con papel transparente impregnado en aceite. Espere a que suba en un lugar cálido hasta que prácticamente haya doblado su tamaño. Precaliente el horno a 200 °C y hornee durante aproximadamente 25 minutos hasta que suba y se dore. Páselo a una rejilla para que se enfríe y espolvoree generosamente con el azúcar lustre antes de servirlo.

Para preparar mazapán de avellanas casero, triture en un robot de cocina 150 g de avellanas escaldadas enteras. Agregue al robot 50 g de azúcar blanquilla y 50 g de azúcar lustre y triture brevemente para mezclarlo. Incorpore la clara de un huevo pequeño y triture hasta lograr una pasta. Viértala en un cuenco, envuélvalo con papel transparente y déjelo en un lugar fresco hasta que esté listo para servir.

challah

para **1 pan grande**
tiempo **1 hora y 30 minutos-
2 horas y 30 minutos**,
  dependiendo de la máquina,
  más tiempo de moldeado,
  reposo y horneado

para la **masa**
175 ml de **agua**
2 **huevos**, batidos
50 g de **mantequilla sin sal**,
  derretida
3 cucharadas de **miel clara**
1 cucharadita de **sal**
500 g de **harina de fuerza
blanca para pan**
1 ¼ cucharaditas de **levadura
seca de acción rápida**

para el **acabado**
1 **yema de huevo**, para glasear
2 cucharaditas de **semillas
de amapola**, para esparcir
por encima

Levante y extraiga el molde de pan, ajuste la cuchilla e incorpore los ingredientes, siguiendo el manual. Encaje el molde en el interior de la máquina, cierre la tapa y seleccione el programa para masa.

Finalizado el programa, vuelque la masa en una superficie enharinada y forme un cordel grueso de unos 73 cm de largo. Enróllelo y colóquelo en un molde redondo engrasado y con base desmontable. Cúbralo con plástico transparente impregnado en aceite y espere a que suban, en un lugar cálido, durante 45 minutos o hasta que la masa alcance el borde del molde.

Mezcle la yema de huevo con 1 cucharada de agua y pinte la superficie de la masa. Esparza las semillas de amapola, precaliente el horno a 200 °C y hornee durante 30 minutos hasta que el pan esté bien dorado y suene a hueco al darle golpecitos con las puntas de los dedos. Compruebe el pan transcurridos 10 minutos y cúbralo con papel de aluminio si se dora demasiado. Páselo a aun rejilla para que se enfríe.

Para preparar un pan enriquecido con limón y semillas de amapola, tueste en seco 50 g de semillas de amapola en una sartén pequeña hasta que empiecen a reventar. Incorpórelas al molde de pan junto con 100 ml de agua, 75 ml de zumo de limón, la cáscara rallada de 1 limón, 2 huevos grandes, 50 g de mantequilla sin sal muy blanda, ½ cucharadita de sal, 450 g de harina de fuerza blanca para pan, 50 g de azúcar blanquilla y 1 ¼ cucharaditas de levadura seca de acción rápida, siguiendo el orden especificado en el manual, y seleccione la opción del tamaño del pan de 750 g del programa de pan blanco básico. Justo antes de hornear, pinte la masa con la leche y esparza por encima más semillas de amapola.

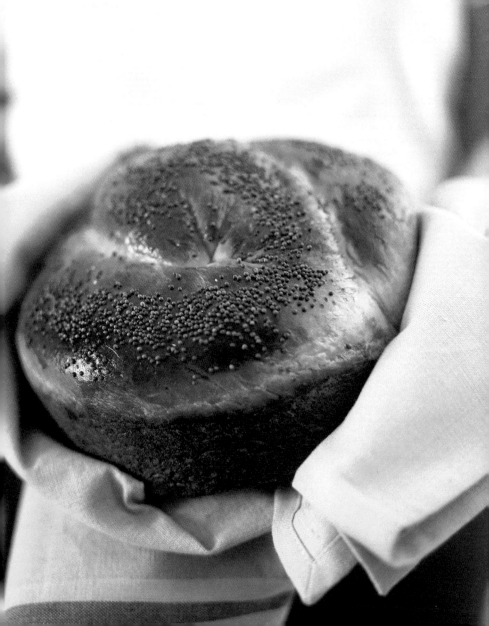

panettone

para **1 pan grande**
tiempo **1 hora y 30 minutos-
2 horas y 30 minutos**,
dependiendo de la máquina,
más tiempo de moldeado,
reposo y horneado

1 **huevo** grande, batido
200 ml de **leche**
la cáscara muy rallada
de un **limón**
la cáscara muy rallada
de una **naranja**
2 cucharaditas de **pasta
de vainas de vainilla**
o **extracto de vainilla**
50 g de **mantequilla sin sal**,
ablandada
½ cucharadita de **sal**
½ cucharadita de **nuez
moscada molida**
500 g de **harina de fuerza
blanca para pan**
100 g de **azúcar blanquilla**
1 ½ cucharaditas de **levadura
seca de acción rápida**
200 g de **surtido de frutas
secas**
azúcar lustre, para espolvorear
(opcional)

Levante y extraiga el molde de pan, ajuste la cuchilla e incorpore los ingredientes, a excepción de la fruta seca, siguiendo el manual.

Encaje el molde en el interior de la máquina, cierre la tapa y seleccione el programa para masa, comprobando la consistencia después de unos 5 minutos de amasado. Si la masa está blanda y pegajosa, añada un poco más de harina. Incorpore la fruta seca cuando la máquina pite.

Engrase un molde circular de 15 cm y de al menos 9 cm de profundidad. Forre las paredes con 3 capas de papel de hornear, de forma que sobresalga a 5 cm del borde, y engrase el papel.

Finalizado el programa, vuelque la masa sobre una superficie enharinada y forme una bola. Introduzca la bola en el molde, cúbrala con papel de plástico impregnado en aceite y déjela en un lugar cálido hasta que la masa alcance el borde del papel.

Precaliente el horno a 200 °C y hornee durante unos 30 minutos o hasta que suba y se dore, cubriendo con papel de aluminio si la superficie comienza a dorarse demasiado. Desmolde el pan y golpee la base, deberá sonar a hueco. Si fuera necesario, hornee durante un poco más de tiempo.

Páselo a una rejilla para que se enfríe y, si lo desea, espolvoree con azúcar lustre antes de servir.

Para preparar _pandolce_, trocee en pedazos pequeños 150 g de cáscara de cítricos confitada y pique en pedazos grandes 50 g de almendras escaldadas. Prepare la masa como se indica en la receta, sustituyendo el surtido de frutas secas por la cáscara confitada y las almendras. Dele forma a la masa y termine como se indica en la receta.

bollitos cruzados calientes

para **12 bollitos**

tiempo **1 hora y 30 minutos- 2 horas y 30 minutos,** dependiendo de la máquina, más tiempo de moldeado, reposo y horneado

para la **masa**
1 **huevo**, batido
275 ml de **agua**
40 g de **mantequilla sin sal,** ablandada
½ cucharadita de **sal**
2 cucharaditas de **surtido de especias molidas**
500 g de **harina de fuerza blanca para pan**
3 cucharadas de **azúcar mascabado claro**
1 ½ cucharaditas de **levadura seca de acción rápida**
100 g de **pasas**

para el **acabado**
50 g de **harina**
4 cucharadas de **leche**
2 cucharadas de **azúcar blanquilla**

Levante y extraiga el molde de pan, ajuste la cuchilla e incorpore los ingredientes, a excepción de las pasas, siguiendo el manual. Encaje el molde en el interior, cierre la tapa y seleccione el programa para masa; agregue las pasas cuando la máquina pite.

Finalizado el programa, vuelque la masa en una superficie enharinada y divídala en 12 pedazos. Forme bolas y colóquelas sobre una bandeja de horno engrasada a 5 cm de distancia entre sí. Cúbrala con plástico transparente impregnado en aceite y espere a que suba, en un lugar cálido, durante 30 minutos.

Elabore las cruces. Incorpore batiendo a la harina 4-5 cucharadas de agua para elaborar una pasta. Introdúzcala en una manga pastelera a prueba de grasa (o viértala en la esquina de una bolsa de plástico con una cuchara), córtele la punta con una tijera y decore los bollitos formando cruces.

Precaliente el horno a 220 °C y hornee durante 15 minutos hasta que suban y se doren. Caliente la leche y el azúcar en una cazuela hasta que ésta se disuelva. Llévelo a ebullición, pinte las superficies de los bollitos y espere a que se enfríen.

Para preparar un pan de bollitos cruzados calientes, agregue al molde de pan 275 ml de leche, 25 g de mantequilla muy ablandada, ½ cucharadita de sal, la cáscara muy rallada de 1 limón, 2 cucharaditas de surtido de especias molidas, 450 g de harina de fuerza blanca para pan, 50 g de azúcar mascabado claro y 1 ½ cucharaditas de levadura seca de acción rápida, siguiendo el manual. Seleccione la opción del tamaño del pan de 750 g, del programa para dulces, y añada 225 g de surtido de frutas secas de calidad cuando la máquina pite. A mitad del horneado, decore con una cruz la superficie, utilizando la mezcla anterior. Pinte con el glaseado.

panes dulces

pan dulce de lima y piña

para **1 pan mediano**
(unas 8 rebanadas gruesas)
tiempo **1 hora y 30 minutos-
2 horas y 30 minutos**,
dependiendo de la máquina,
más tiempo de moldeado,
reposo y horneado

para la **masa**
200 ml de **agua**
25 g de **mantequilla sin sal**,
ablandada
½ cucharadita de **polvo de cinco
especias**
la cáscara muy rallada de
2 **limas**, más 4 cucharadas
de zumo
½ cucharadita de **sal**
400 g de **harina de fuerza
blanca para pan**
65 g de **azúcar blanquilla**
¾ de cucharadita de **levadura
seca de acción rápida**

para el **acabado**
300 g de **piña semiseca**
endulzada, cortada en pedazos
pequeños
75 de **azúcar lustre**
cáscara de lima cortada,
para espolvorear

Levante y extraiga el molde de pan, ajuste la cuchilla e incorpore el agua, la mantequilla, el polvo de cinco especias, la cáscara de lima, 3 cucharadas de zumo de lima, la sal, la harina y la levadura, siguiendo el manual. Encaje el molde en el interior de la máquina, cierre la tapa y seleccione el programa para masa.

Finalizado el programa, vuelque la masa en una superficie enharinada y divídala en 4 pedazos. Engrase un molde rectangular de 1 kg y forre la base y las paredes más largas con una tira de papel vegetal. Aplane cada pedazo de masa, formando un rectángulo de un tamaño similar al del molde, y coloque uno en la base. Esparza un cuarto de la piña troceada y cúbrala con otro pedazo de masa. Repita el proceso, acabando con una capa de fruta. Cubra sin presionar con plástico transparente impregnado en aceite y deje que suba en un lugar cálido hasta que prácticamente haya doblado su tamaño.

Precaliente el horno a 200 °C y hornee durante 30 minutos hasta que suba y se dore. Desmolde el pan y vuélvalo a hornear durante 5-10 minutos más o hasta que el pan suene a hueco al darle golpecitos con las puntas de los dedos. Si el pan comienza a dorarse demasiado, cúbralo con papel de aluminio.

Mezcle el azúcar lustre con el resto del zumo de lima, rocíe el pan, espolvoree con la cáscara de lima y espere a que se enfríe.

Para preparar un pan de jengibre y pera con glaseado de limón, prepare la masa como se indica en la receta, utilizando jengibre molido en lugar del polvo de cinco especias y cáscara y zumo de limón en lugar de la lima. Trocee 300 g de peras secas. Estratifique la masa y las peras en el molde y hornee siguiendo la receta. Mezcle el azúcar lustre con 1 cucharada de zumo de limón y rocíe la superficie del pan.

pan con dátiles y *toffee*

para **1 pan grande**

tiempo **2 horas y 45 minutos-3 horas y 15 minutos**, dependiendo de la máquina, más tiempo de cocido

250 g de **dátiles**, sin hueso, cortados en pedazos grandes

300 g de **salsa de *toffee*** (*véase* más abajo)

1 **huevo** grande, batido

175 ml de **leche**

50 g de **mantequilla sin sal**, ablandada

¼ de cucharadita de **sal**

1 ½ cucharaditas de **surtido de especias molidas**

400 g de **harina de fuerza blanca para pan**

1 ¼ cucharaditas de **levadura seca de acción rápida**

azúcar lustre, para espolvorear

Ponga los dátiles en una cazuela pequeña con 5 cucharadas de agua. Tápela y cueza a fuego lento durante unos 5 minutos hasta que los dátiles se hayan ablandado y el agua se haya absorbido. Deje que se enfríe.

Levante y extraiga el molde de pan, ajuste la cuchilla e incorpore al molde 150 g de la salsa de *toffee* junto con el resto de los ingredientes, a excepción de los dátiles, siguiendo el manual.

Encaje el molde en el interior de la máquina, cierre la tapa y seleccione el programa para masa. Seleccione la opción del tamaño del pan de 750 g del programa para dulces (o básico, si la máquina no dispone de dicha opción) y añada los dátiles cuando la máquina pite.

Finalizado el programa, levante y extraiga el molde de la máquina y desmolde el pan sobre una rejilla para que se enfríe. Espolvoree con el azúcar lustre y sírvalo recién horneado o ligeramente tostado con el resto de la salsa vertida por encima con una cuchara. Si la salsa ha espesado mucho al enfriarse, podrá calentarla a fuego lento para licuarla.

Para preparar salsa de *toffee* casera, ponga en una cazuela 150 ml de nata para montar con 175 g de azúcar mascabado claro y 75 g de mantequilla sin sal. Caliente a fuego lento, sin dejar de remover, hasta que el azúcar se haya disuelto y la mantequilla se haya derretido. Llévelo a ebullición y deje que la salsa hierva durante 5-8 minutos hasta que la mezcla espese y se oscurezca. Viértala en un cuenco y espere a que se enfríe antes de servirla.

pan trenzado de vainilla y arándanos

para **1 pan trenzado grande**
(unas 10 rebanadas gruesas)
tiempo **1 hora y 30 minutos-
2 horas y 15 minutos,**
dependiendo de la máquina,
más tiempo de moldeado,
reposo y horneado

para la **masa**
150 ml de **agua**
2 cucharaditas de **pasta
de vaina de vainilla**
1 **huevo** grande, batido
75 g de **mantequilla sin sal**,
ablandada
¼ de cucharadita de **sal**
350 g de **harina de fuerza
blanca para pan**
50 g de **almendras molidas**
50 g de **azúcar blanquilla**
1 ¼ cucharaditas de **levadura
seca de acción rápida**

para el **acabado**
125 g de **queso ricotta**
250 g de **arándanos**
3 cucharadas de **azúcar
blanquilla**
huevo batido, para glasear
azúcar de vainilla,
para espolvorear

Levante y extraiga el molde de pan, ajuste la cuchilla e incorpore los ingredientes de la masa al molde, siguiendo el manual. La pasta de vaina de vainilla se debe incorporar junto con los líquidos, y las almendras junto con la harina. Encaje el molde en el interior de la máquina, cierre la tapa y seleccione el programa para masa.

Finalizado el programa, vuelque la masa en una superficie enharinada, divídala en 3 pedazos iguales y forme con cada uno una tira de aproximadamente 35 x 12 cm. Esparza el queso ricotta por encima de la tira a aproximadamente 2 cm de distancia de los bordes, 200 g de los arándanos y espolvoree con 1 cucharada de azúcar la superficie de cada tira. Levante los bordes por encima del relleno y únalos pellizcando con fuerza para formar 3 cordeles gruesos. Deles la vuelta de forma que las uniones queden abajo. Trence las tiras, meta los extremos por debajo y páselo con cuidado a una bandeja de horno engrasada. Cúbrala sin presionar con plástico transparente impregnado en aceite y deje que suba en un lugar cálido durante 40 minutos o hasta que prácticamente haya doblado su tamaño.

Pinte con el huevo batido. Esparza el resto de los arándanos y espolvoree con el azúcar de vainilla. Precaliente el horno a 220 °C, hornee durante 30 minutos, o hasta que suba y se dore, y páselo a una rejilla para que se enfríe.

Para preparar un pan con vainilla y fruta roja, prepare la masa como se muestra en la receta, sustituyendo el ricotta por queso crema y los arándanos por 200 g de frutas rojas secas (como arándanos rojos, guindas y fresas). Antes de hornear, esparza 50 g más de frutas rojas troceadas y espolvoree con el azúcar de vainilla.

pan de nueces y café

para **1 pan grande**

tiempo **2 horas y 45 minutos-
3 horas y 15 minutos**,
dependiendo de la máquina

2 cucharadas de **café expreso
en polvo**

1 **huevo** grande, batido

50 g de **mantequilla sin sal**,
derretida

¼ de cucharadita de **sal**

350 g de **harina de fuerza
blanca para pan**

50 g de **azúcar mascabado
claro**

1 ¼ cucharaditas de **levadura
seca de acción rápida**

75 g de **nueces troceadas**,
ligeramente tostadas

Mezcle el café con 150 ml de agua hirviendo y espere a que se enfríe. Levante y extraiga el molde de pan, ajuste la cuchilla e incorpore los ingredientes, a excepción de las nueces, siguiendo el manual.

Encaje el molde en el interior de la máquina, cierre la tapa, seleccione la opción del tamaño del pan de 750 g del programa para dulces (o básico, si la máquina no dispone de dicha opción) y añada las nueces cuando la máquina pite.

Finalizado el programa, levante y extraiga el molde de la máquina y desmolde el pan sobre una rejilla para que se enfríe.

Para preparar mantequilla de arce, para untarla sobre el pan recién horneado, bata 100 g de mantequilla sin sal ablandada, 4 cucharadas de azúcar lustre y 1 cucharadita de pasta de vaina de vainilla o extracto de vainilla hasta que la mezcla quede completamente homogénea. Incorpore batiendo 5 cucharadas de sirope de arce hasta que esté bien mezclado. Pásela a un pequeño plato de servir y refrigérela hasta que esté lista para servir.

pan de té enriquecido con frutas

para **1 pan extra grande**
tiempo **1 hora y 30 minutos-
2 horas y 30 minutos,**
dependiendo de la máquina,
más tiempo de moldeado,
reposo y horneado

175 ml de **té negro**, enfriado
1 **huevo**, batido
50 g de **mantequilla sin sal**,
ablandada
½ cucharadita de **sal**
la cáscara muy rallada
de 1 **naranja**
1 cucharada de **surtido
de especias molidas**
375 g de **harina de fuerza
blanca para pan**
75 g de **azúcar mascabado
oscuro**
1 ½ cucharaditas de **levadura
seca de acción rápida**
200 g de **surtido de frutas
secas**
100 g de **albaricoques secos**
listos para consumir, cortados
en pedazos grandes
100 g de **nueces de Brasil**,
picadas
azúcar moreno,
para espolvorear

Levante y extraiga el molde de pan, ajuste la cuchilla
e incorpore los ingredientes, a excepción de la fruta seca
y las nueces, siguiendo el manual y añadiendo las especias y
la harina. Encaje el molde en el interior de la máquina, cierre la
tapa y seleccione el programa para masa, agregando la fruta
seca y las nueces cuando la máquina pite.

Finalizado el programa, vuelque la masa en una superficie
enharinada y forme un óvalo. Engrase un molde rectangular de
1 kg y coloque en él la masa. Cúbrala con plástico transparente
impregnado en aceite y deje que suba en un lugar cálido
durante 50-60 minutos o hasta que haya doblado su tamaño.

Espolvoree generosamente con el azúcar moreno, precaliente
el horno a 220 °C y hornee durante 35-40 minutos hasta que
suba y se dore. Si la superficie comienza a dorarse demasiado,
cúbrala con papel de aluminio. Extraiga el pan del molde y dele
golpecitos a la base, deberá sonar a hueco. En caso necesario,
vuélvalo a meter en el horno (fuera del molde) durante un poco
más de tiempo.

Para preparar un pan de almendras con trozos de fruta,
agregue al molde de pan 1 huevo, 175 ml de leche, 50 g
de mantequilla muy blanda, 1 cucharada de melaza negra,
½ cucharadita de sal, 375 g de harina de fuerza blanca
para pan, 1 cucharada de surtido de especias molidas, 50 g
de azúcar mascabado claro y 1 ¼ cucharaditas de levadura
seca de acción rápida, siguiendo el manual. Seleccione el
programa para masa y agregue 150 g de surtido de frutas
secas de calidad y 75 g de almendras partidas en pedazos
grandes cuando la máquina pite. Finalizado el programa,
desmolde el pan sobre una rejilla para que se enfríe.

pan de plátano y chocolate blanco

para **1 pan grande**
tiempo **1-2 horas**,
dependiendo de la máquina

225 g de puré de plátano
(unos 2 plátanos grandes)
150 ml de **leche templada**
50 g de **mantequilla sin sal**,
ablandada
½ cucharadita de **sal**
425 g de **harina de fuerza
blanca para pan**
50 g de **azúcar blanquilla**
2 ½ cucharaditas de **levadura
seca de acción rápida**
200 g de **chocolate blanco**,
troceado
100 g de **nueces pacanas**,
partidas en pedazos grandes
azúcar lustre, para espolvorear

Levante y extraiga el molde de pan, ajuste la cuchilla e incorpore los ingredientes al molde, a excepción del chocolate y las nueces, siguiendo el orden que se especifica en el manual, y añada el puré de patata junto con la leche.

Encaje el molde en el interior de la máquina y cierre la tapa. Seleccione la opción del tamaño del pan de 750 g del programa de horneado rápido e incorpore el chocolate y las nueces pacanas cuando la máquina pite.

Finalizado el programa, levante y extraiga el molde de la máquina y desmolde el pan sobre una rejilla para que se enfríe. Espolvoree con el azúcar lustre antes de servir.

Para preparar panecillos de jengibre y chocolate negro, agregue los ingredientes a la máquina de pan como se indica en la receta, sustituyendo 25 g de la harina por 25 g de cacao en polvo. Reduzca la levadura a 1 ½ cucharaditas y añada 3 tallos de jengibre en conserva, muy picados. Utilice chocolate negro para fundir en lugar del blanco. Seleccione el programa para masa, añadiendo el chocolate y las nueces cuando la máquina pite. Al final del programa vuelque la masa, forme 8 bolas pequeñas, colóquelas bien separadas en una fuente de horno engrasada y cúbralas sin presionar con papel transparente impregnado en aceite, Déjelas en un lugar cálido para que suban hasta que prácticamente hayan doblado su tamaño. Precaliente el horno a 220 °C y hornee durante aproximadamente 15 minutos hasta que suban y se doren ligeramente. Páselos a una rejilla para que se enfríen y sírvalos espolvoreados con azúcar lustre.

bollos de Chelsea

para **12 bollos**
tiempo **1 hora y 30 minutos-
2 horas y 30 minutos**,
dependiendo de la máquina,
más tiempo de moldeado,
reposo y horneado

para la **masa**
1 **huevo**, batido
225 ml de **leche**
50 g de **mantequilla sin sal**,
   ablandada
½ cucharadita de **sal**
la cáscara muy rallada
   de 1 **limón**
500 g de **harina de fuerza
   blanca para pan**
75 g de **azúcar blanquilla**
1 ½ cucharaditas de **levadura
   seca de acción rápida**

para el **acabado**
50 g de **mantequilla sin sal**,
   ablandada
50 g de **azúcar mascabado
   claro**
1 cucharadita de **surtido
   de especias molidas**
200 g de **surtido de frutas
   secas**
25 g de **raíz de jengibre fresca**,
   rallada
50 g de **azúcar blanquilla**

Levante y extraiga el molde de pan, ajuste la cuchilla
e incorpore los ingredientes, siguiendo el manual.
Seleccione el programa para masa.

Mezcle la mantequilla y el azúcar mascabado.
Ponga en un cuenco las especias, la fruta y el jengibre.

Finalizado el programa, vuelque la masa en una superficie
enharinada y extiéndala formando un rectángulo de unos
45 x 25 cm. Unte hasta los bordes con la pasta de la mantequilla
y el azúcar y esparza por encima la mezcla de frutas. Enrolle
la masa comenzando por el lado más largo y con un cuchillo
afilado corte el cilindro de masa en 12 pedazos iguales.

Engrase un molde poco profundo de 28 x 18 cm y coloque en
él los pedazos de masa a una distancia uniforme con los cortes
hacia arriba. Cúbralo con plástico transparente impregnado en
aceite y deje que suba, en un lugar cálido, durante 45 minutos
o hasta que su tamaño se haya aumentado en la mitad.

Precaliente el horno a 200 °C y hornee durante 25-35 minutos
hasta que suban y se doren. Si los bollos comienzan a dorarse
demasiado, cúbralos con papel de aluminio.

Entretanto ponga el azúcar blanquilla en una cazuela con
100 ml de agua y disuélvala a fuego lento. Llévelo a ebullición
y cueza durante 1 minuto. Pase los bollos a una rejilla, píntelos
con almíbar y espere a que se enfríen.

Para preparar bollos de avellanas, fruta y chocolate,
sustituya la cáscara de limón por cáscara de naranja, y la pasta
de mantequilla y la mezcla de frutas por 200 g de chocolate
troceado, 1 cucharadita de jengibre molido, 125 g de pasas
y 75 de avellanas picadas. Rocíe con el chocolate derretido.

pan de frutas del bosque y crema agria

para **1 pan grande**
tiempo **2 horas y 45 minutos-
3 horas y 15 minutos**,
   dependiendo de la máquina

150 ml de **agua**
150 g de **crema fresca**
½ cucharadita de **sal**
la cáscara rallada de 1 **limón**
425 g de **harina de fuerza
blanca para pan**
3 cucharadas de **azúcar
blanquilla**
1 cucharadita de **levadura seca
de acción rápida**
100 g de una mezcla de **cerezas,
arándanos** y **arándanos rojos**
secos

Levante y extraiga el molde de pan de la máquina, ajuste
la cuchilla e incorpore los ingredientes al molde, a excepción
de las frutas secas, siguiendo el manual.

Encaje el molde en el interior de la máquina, cierre la tapa,
seleccione la opción del tamaño del pan de 750 g del programa
para dulces (o básico, si la máquina no dispone de dicha
opción) y añada las frutas secas cuando la máquina pite.

Finalizado el programa, levante y extraiga el molde de la
máquina y desmolde el pan sobre una rejilla para que se enfríe.

**Para preparar un pan de frutas del bosque con licor
de naranja**, ponga las frutas del bosque secas en un cuenco
y pínchelas con un tenedor. Agregue al cuenco 3 cucharadas
de Cointreau o de cualquier otro licor con sabor a naranja.
Tápelo y espere a que macere durante unas 3 horas hasta
que el licor se haya absorbido. Prepare la masa como
se indica en la receta, sustituyendo la ralladura del limón
por ralladura de naranja.

espiral de nueces pacanas y chocolate

para **1 pan extra grande**
tiempo **1 hora y 30 minutos-
2 horas y 30 minutos**,
dependiendo de la máquina,
más tiempo de moldeado,
reposo y horneado

para la **masa**
2 **huevos**, batidos
175 ml de **leche**
45 g de **mantequilla sin sal**,
ablandada
½ cucharadita de **sal**
500 g de **harina de fuerza
blanca para pan**
50 g de **azúcar blanquilla**
1 ½ cucharaditas de **levadura
seca de acción rápida**

para el **acabado**
125 g de **chocolate negro para
fundir**, troceado en pedazos
pequeños
125 g de **nueces pacanas**,
partidas en pedazos grandes
2 cucharadas de **azúcar
blanquilla**
1 **yema de huevo**, para glasear

Levante y extraiga el molde de pan, ajuste la cuchilla
e incorpore los ingredientes de la masa al molde, según el
manual. Encaje el molde en el interior de la máquina, cierre
la tapa y seleccione el programa para masa.

Finalizado el programa, vuelque la masa sobre una superficie
enharinada y forme un cuadrado de 28 cm. Esparza más
de tres cuartos del chocolate y las nueces, y todo el azúcar.
Enrolle la masa y póngala en un molde rectangular engrasado
de 1,8 l. Cúbrala con plástico transparente impregnado
en aceite y déjela en un lugar cálido durante 30 minutos
o hasta que la masa sobresalga por el borde del molde.

Mezcle la yema de huevo con 1 cucharada de agua, pinte
la superficie de la masa y espolvoree con el resto del chocolate
y las nueces. Precaliente el horno a 200 °C, hornee durante
35-40 minutos hasta que la masa suba, se dore bastante
y suene a hueco. Transcurridos 10 minutos, cubra con papel
de aluminio para evitar que las nueces se doren demasiado.

**Para preparar un tronco con chocolate y ciruelas pasas
al brandy**, parta en pedazos grandes 200 g de ciruelas pasas
ablandadas, incorpórelas a un cuenco con 2 cucharadas
de brandy y espere a que maceren durante 2 horas. Prepare
la masa como se indica en la receta, vuélquela sobre
una superficie enharinada e incorpore, amasando, las ciruelas
pasas, 100 g de chocolate negro y 100 g de chocolate
blanco. Forme un tronco y póngala en un molde rectangular
engrasado de 1,8 l. Cúbrala con plástico transparente
impregnado en aceite y déjela en un lugar cálido hasta
que haya doblado su tamaño. Hornee como se indica en la
receta y espolvoree con el cacao en polvo y el azúcar lustre.

pan de higos, naranja y semillas de amapola

para **1 pan grande**
tiempo **3-4 horas**, dependiendo
de la máquina

4 cucharadas de **semillas
de amapola**, más algunas
para espolvorear
2 **naranjas**
1 **huevo** grande, batido
50 g de **mantequilla sin sal**,
ablandada
425 g de **harina de fuerza
blanca para pan**
4 cucharadas de **azúcar
mascabado claro**
1 ¼ cucharaditas de **levadura
seca de acción rápida**
200 g de **higos secos** (sin
rabillo), partidos por la mitad
50 g de **naranja confitada**,
troceada
leche, para pintar

Tueste en seco ligeramente las semillas de amapola en una sartén. Ralle la cáscara de las naranjas, exprima el zumo y añádale agua hasta que alcance 225 ml.

Levante y extraiga el molde de pan, ajuste la cuchilla e incorpore los ingredientes al molde, a excepción de los higos y la naranja confitada, siguiendo el orden que se especifica en el manual.

Encaje el molde en el interior de la máquina y cierre la tapa. Seleccione la opción del tamaño del pan de 750 g del programa para pan blanco básico y la opción que desee para la corteza. Añada los higos y la naranja confitada cuando la máquina pite.

Justo antes de comenzar a hornear, pinte ligeramente la superficie de la bases con más semillas de amapola y cierre la tapa con suavidad. Sírvalo recién horneado y untado con mantequilla.

Para preparar un pan de plátano con semillas, corte por la mitad 200 g de rodajas de plátano seco masticable. Tueste ligeramente 4 cucharadas de pipas. Prepare el pan como se indica en la receta y sustituya las semillas de amapola por pipas de girasol y los higos por plátanos. Agregue 2 cucharaditas de surtido de especias molidas junto con la harina.

pan con cardamomo, limón y piñones

para **1 pan mediano**
tiempo **1 hora y 30 minutos-
2 horas y 30 minutos**,
dependiendo de la máquina,
más tiempo de moldeado,
reposo y horneado

para la **masa**
20 **vainas de cardamomo**
la cáscara muy rallada y el zumo
de 2 **limones**
1 **huevo** grande, batido
50 g de **mantequilla sin sal**,
ablandada
½ cucharadita de **sal**
3 cucharadas de **leche en polvo**
425 g de **harina de fuerza
blanca para pan**
50 g de **azúcar blanquilla**
1 ¼ cucharaditas de **levadura
seca de acción rápida**

para el **acabado**
150 g de **piñones**, tostados
50 g de **almendras fileteadas**
150 g de **sultanas**
1 cucharada de **zumo de limón**
65 g de **azúcar lustre**

Muela las vainas de cardamomo con un mortero para extraer las semillas. Tire las cáscaras y golpee las semillas para que se rompan. Ponga el zumo y la cáscara del limón en una jarra medidora y rellénela con agua hasta alcanzar 225 ml.

Levante y extraiga el molde de pan, ajuste la cuchilla e incorpore los ingredientes de la masa al molde, siguiendo el manual.

Encaje el molde en el interior de la máquina, cierre la tapa y seleccione el programa para masa.

Finalizado el programa, vuelque la masa sobre una superficie enharinada e incorpore amasando los piñones, las almendras y las sultanas hasta que estén repartidos uniformemente. Forme con la masa un tronco de aproximadamente 25 cm de largo y colóquela en una bandeja de horno grande y engrasada. Cúbrala sin presionar con plástico transparente impregnado en aceite y deje que suba en un lugar cálido durante 45 minutos o hasta que prácticamente haya doblado su tamaño.

Precaliente el horno a 220 °C, hornee durante unos 25 minutos hasta que suba y se dore y la base suene a hueco al darle golpecitos y páselo a una rejilla para que se enfríe.

Para preparar una florentina con naranja, prepare la masa como se indica en la receta, utilizando cáscara y zumo de naranja en lugar del limón. Mezcle 150 g de almendras fileteadas, 100 g de cerezas naturales glaseadas y partidas por la mitad, 100 g de pasas y 1 cucharada de jengibre molido. Incorpore, amasando, las almendras y las sultanas, en lugar de los piñones. Una vez horneado, rocíe el pan con chocolate blanco fundido.

pan de pistachos con frutas tropicales

para **1 pan grande**
tiempo **2 horas y 45 minutos-
3 horas y 15 minutos**,
dependiendo de la máquina

para la **masa**
75 g de **pistachos**
175 ml de zumo de **mango**
o de **piña**
1 **huevo** grande
25 g de **mantequilla sin sal**,
ablandada
½ cucharadita de **sal**
425 g de **harina de fuerza
blanca para pan**
50 g de **azúcar mascabado
claro**
1 ¼ cucharaditas de **levadura
seca de acción rápida**
150 g de **frutas tropicales
semisecas**, como papaya,
mango y piña, troceadas
50 de **cerezas glaseadas**

para el **acabado**
leche, para pincelar
azúcar lustre, para espolvorear

Ponga los pistachos en un cuenco y cúbralos con agua
hirviendo. Déjelos un minuto, escúrralos y frótelos con
varias capas de papel de cocina para que se suelte la piel.
Retire la piel y pártalos en pedazos grandes.

Levante y extraiga el molde de pan, ajuste la cuchilla
e incorpore los ingredientes, a excepción de los pistachos
y las frutas, siguiendo el manual.

Encaje el molde en el interior de la máquina, cierre la tapa
y seleccione el programa para masa. Seleccione la opción
del tamaño del pan de 750 g del programa para dulces
(o básico, si la máquina no dispone de dicha opción) y añada las
frutas y tres cuartos de los pistachos cuando la máquina pite.

Justo antes de comenzar a hornear, pinte ligeramente la
superficie de la masa con leche, esparza los pistachos reservados
y cierre la tapa con suavidad

Finalizado el programa, levante y extraiga el molde de
la máquina y desmolde el pan sobre una rejilla para que
se enfríe. Espolvoree ligeramente con el azúcar lustre.

Para preparar mantequilla de ron con especias, para untarla
por encima del pan recién horneado, caliente en una cazuela
pequeña 25 g de azúcar lustre con 1 cucharadita de canela
molida y 1 cucharada de agua hasta que empiece a hervir y
espere a que se enfríe ligeramente. Bata en un cuenco 125 g
de mantequilla sin sal, ablandada. Añada el almíbar de canela,
50 g más de azúcar lustre y 2 cucharadas de ron. Bata bien
hasta que la mezcla quede homogénea y cremosa. Pásela a un
plato de servir pequeño y refrigérela hasta que esté lista para
servir.

pastel de frutas con mazapán y nectarina

para **1 pan grande**
tiempo **1 hora y 30 minutos-
2 horas y 30 minutos**,
dependiendo de la máquina,
más tiempo de moldeado,
reposo y horneado

para la **masa**
150 ml de **agua**
1 **huevo**, batido
30 g de **mantequilla sin sal**,
ablandada
¼ de cucharadita de **sal**
1 cucharada de **leche en polvo**
la cáscara rallada de 1 **limón**
300 g de **harina de fuerza
blanca para pan**
25 g de **azúcar blanquilla**
¾ de cucharadita de **levadura
seca de acción rápida**

para el **acabado**
125 g de **mazapán** (*véase*
más abajo), partido en pedazos
grandes
500 g de **nectarinas** maduras
25 g de **mantequilla sin sal**,
derretida
2 cucharadas de **azúcar
blanquilla**
almendras fileteadas tostadas,
para esparcir por encima
azúcar blanquilla,
para espolvorear

Levante y extraiga el molde de pan, ajuste
la cuchilla e incorpore los ingredientes de la masa al molde,
siguiendo el manual.

Encaje el molde en el interior de la máquina, cierre la tapa
y seleccione el programa para masa.

Finalizado el programa, vuelque la masa en una superficie
enharinada e introdúzcala en un molde de tarta estriado
de 28 cm y base desmontable, untado de mantequilla.

Esparza el mazapán rallado. Corte las nectarinas por la mitad,
quíteles las pepitas, haga gruesas rodajas y colóquelas por
encima. Espere a que suba sin tapar en un lugar cálido durante
40 minutos o hasta que suba la mitad de su tamaño.

Pinte la fruta con la mantequilla derretida, espolvoree
con azúcar, precaliente el horno a 200 °C y hornee durante
15 minutos. Cubra con papel de aluminio, baje la temperatura
a 180 °C y hornee durante 35-40 minutos más hasta
que la base esté bien cocida.

Deje que repose en el molde durante 10 minutos, suelte los
bordes y extraiga el pastel del molde, manteniéndolo sobre la
base. Páselo a una fuente, esparza por encima las almendras
fileteadas y espolvoree con el azúcar extra. Sírvalo templado.

Para preparar mazapán casero, incorpore en un robot
de cocina 65 g de almendras escaldadas enteras y triture
hasta que queden muy molidas. Páselas a un cuenco,
incorpore, sin dejar de remover, 25 g de azúcar blanquilla,
¼ de cucharadita de extracto de vainilla o de almendra
y 2 cucharaditas de clara de huevo y amase con las manos
hasta obtener una pasta firme.

kugelhopf con pasas, canela y pera

para **1 rosca de pan**
  (unas 10 rebanadas)
tiempo **1 hora y 30 minutos-
  2 horas y 30 minutos**,
  dependiendo de la máquina,
  más tiempo de moldeado,
  reposo y horneado

para la **masa**
150 ml de **sidra fuerte**
1 **huevo** grande, batido
75 g de **mantequilla sin sal**,
  derretida
½ cucharadita de **sal**
375 g de **harina de fuerza
  blanca para pan**
50 g de **azúcar blanquilla**
1 cucharadita de **levadura seca
  de acción rápida**

para el **acabado**
50 g de **mantequilla sin sal**,
  ablandada
75 g de **azúcar mascabado
  oscuro**
2 cucharaditas de **canela molida**
4 **peras** maduras
2 cucharaditas de **zumo
  de limón**
100 g de **pasas**
azúcar lustre, para espolvorear

Levante y extraiga el molde de pan, ajuste la cuchilla e incorpore los ingredientes, siguiendo el manual. Encaje el molde en el interior de la máquina, cierre la tapa y seleccione el programa para masa.

Mezcle la mantequilla con el azúcar y la canela Para preparar una pasta. Pele, quíteles el corazón y parta en rodajas las peras e incorpore el zumo de limón para evitar que se oxiden.

Finalizado el programa, vuelque la masa sobre una superficie enharinada y forme un rectángulo de unos 35 × 25 cm. Unte la superficie con la mantequilla con especias y esparza hasta el borde las peras y las pasas. Enrolle la masa de forma que la unión quede hacia arriba, junte los extremos y únalos. Engrase y enharine la base y las paredes de un molde de *kugelhopf* de 1,5 l, o un molde circular, e introduzca la masa.

Cúbralo con plástico transparente impregnado en aceite y espere a que suba en un lugar cálido durante 50-60 minutos o hasta que la masa alcance la parte superior del molde.

Precaliente el horno a 200 °C y hornee durante unos 35 minutos hasta que suba y se dore. Deje que repose en el molde durante 10 minutos, suelte los bordes con un cuchillo y vuelque el pan sobre una rejilla para que se enfríe. Sírvalo templado o frío y espolvoreado con el azúcar lustre.

Para preparar un *kugelhopf* de ciruelas con especias, parta por la mitad, quíteles el hueso y corte en rodajas 8 ciruelas maduras. Prepare el *kugelhopf* como se indica en la receta, esparciendo por encima de la mantequilla con especias las ciruelas en lugar de las peras. Enrolle la masa y termine como se indica en la receta.

tarta de queso estival con frutas

para **8 raciones**

tiempo **1 hora y 30 minutos-
2 horas y 30 minutos,**
dependiendo de la máquina,
más tiempo de moldeado,
reposo y horneado

para la **masa**

1 **huevo**, batido

150 ml de **leche**

1 cucharada de **pasta de vainas
de vainilla** o de **extracto
de vainilla**

25 g de **mantequilla sin sal,**
ablandada

1 cucharada de **leche en polvo**

300 g de **harina de fuerza
blanca para pan,**
más 1 cucharada

50 g de **azúcar blanquilla**

¾ de cucharadita de **levadura
seca de acción rápida**

para el **acabado**

200 g de **queso crema**

50 g de **azúcar blanquilla**, más
1 cucharada para espolvorear

1 cucharadita de **pasta de
vainas de vainilla** o de
extracto de vainilla

1 **huevo**

150 g de **frambuesas**

150 g de **fresas,** sin el rabito
y partidas por la mitad

azúcar lustre, para espolvorear

Levante y extraiga el molde de pan, ajuste la cuchilla e incorpore los ingredientes, siguiendo el manual. Encaje el molde en el interior de la máquina, cierre la tapa y seleccione el programa para masa.

Bata el queso crema para ablandarlo y, a continuación, incorpore sin dejar de batir el azúcar, la pasta o el extracto de vainilla y el huevo hasta que la mezcla quede homogénea.

Finalizado el programa, vuelque la masa sobre una superficie enharinada y corte un cuarto. Forme con el resto de la masa un círculo de unos 28 cm de diámetro. Engrase un molde circular desmontable de 23 cm e introduzca la masa de forma que sobresalga 3 cm por las paredes, formando una caja.

Divida el resto de la masa en 10 pedazos iguales y espárzala dentro de la caja. Vierta la mezcla del queso crema y esparza la mitad de las fresas y las frambuesas. Cúbrala con plástico transparente impregnado en aceite y, en un lugar cálido, espere a que suba.

Precaliente el horno a 200 °C y hornee durante unos 45 minutos hasta que el pan suba y se dore. Asegúrese de que la masa esté cocinada por el centro, perforándola con un cuchillo o un pincho. Deje que se enfríe. Esparza por encima el resto de la fruta y espolvoree con el azúcar lustre.

Para preparar una tarta de grosellas y melocotones con especias, agregue 1 cucharadita de canela molida en lugar de la pasta o el extracto de vainilla. Utilice 4 melocotones maduros en lugar de las fresas y las frambuesas. Una vez horneado, rocíe el pastel con gelatina de grosellas derretida y esparza por encima los pedazos de grosella.

pan de nueces y chocolate

para **8-10 raciones**
tiempo **1 hora y 30 minutos-
2 horas y 30 minutos**,
dependiendo de la máquina,
más tiempo de moldeado,
reposo y horneado

para la **masa**
1 **huevo** grande, batido
150 ml de **leche**
2 cucharaditas de **pasta
de vainas de vainilla**
75 g de **mantequilla sin sal**,
ablandada
¼ de cucharadita de **sal**
375 g de **harina de fuerza
blanca para pan**
50 g de **avellanas molidas**
50 g de **azúcar blanquilla**
1 ¼ cucharaditas de **levadura
seca de acción rápida**

para el **acabado**
200 g de **chocolate con
avellanas para untar**
100 g de **avellanas**, partidas
en pedazos grandes,
más 25 g para decorar
huevo batido, para decorar
50 g de **chocolate negro
para fundir**, troceado
cacao en polvo y **azúcar lustre**,
para espolvorear

Levante y extraiga el molde de pan, ajuste la cuchilla e incorpore los ingredientes, siguiendo el manual. Agregue las avellanas molidas junto con la harina. Encaje el molde en el interior de la máquina, cierre la tapa y seleccione el programa para masa. Engrase un molde circular de 20 cm de base desmontable.

Finalizado el programa, vuelque la masa sobre una superficie enharinada. Extienda un tercio de la masa formando un círculo de 26 cm de diámetro e introdúzcalo en el molde de forma que sobresalga 3 cm de las paredes para formar un caja.

Unte un tercio del chocolate sobre la base y esparza un tercio de las avellanas molidas. Divida la masa restante en 3 pedazos y forme con cada uno un círculo de 20 cm. Coloque una capa en el molde, unte otro tercio del chocolate y las avellanas y coloque capas, terminando con una de masa.

Pinte la masa con huevo batido. Introduzca el chocolate troceado y las avellanas reservadas dentro de la masa. Cubra con plástico transparente impregnado en aceite y deje la masa en un lugar cálido durante 45-60 minutos.

Precaliente el horno a 200 °C y hornee durante 50 minutos. Si la superficie comienza a dorarse demasiado, cúbrala con papel de aluminio. Pásela a una rejilla para que se enfríe y sírvalo espolvoreado con el cacao en polvo y el azúcar lustre.

Para preparar un pan de nueces pacanas y chocolate

blanco, en lugar de utilizar el chocolate para untar, derrita 200 g de chocolate blanco, 25 de mantequilla sin sal, 1 cucharada de almíbar dorado y 2 cucharadas de leche. Sustituya las avellanas por nueces pacanas y el chocolate negro troceado por chocolate blanco.

pan dulce con manteca de cerdo

para **10 rebanadas gruesas**
tiempo **1 hora y 30 minutos-
2 horas y 30 minutos,**
dependiendo de la máquina,
más tiempo de moldeado,
reposo y horneado

para la **masa**
300 ml de **agua**
25 g de **manteca de cerdo,**
ablandada
¼ de cucharadita de **sal**
2 cucharadas de **leche en polvo**
1 cucharadita de **surtido
de especias molidas**
425 g de **harina de fuerza
blanca para pan**
2 cucharadas de **azúcar dorado**
1 ¼ cucharaditas de **levadura
seca de acción rápida**

para el **acabado**
100 g de **manteca de cerdo,**
ablandada
25 g de **mantequilla sin sal,**
ablandada
250 g de **surtido de frutas
secas**
50 g de **cáscara confitada,**
troceada
100 g de **azúcar dorado,**
más un poco para espolvorear
leche, para pintar

Levante y extraiga el molde de pan, ajuste la cuchilla e incorpore los ingredientes siguiendo el manual. Encaje el molde en el interior de la máquina, cierre la tapa y seleccione el programa para masa.

Finalizado el programa, vuelque la masa sobre una superficie enharinada y extiéndala formando un rectángulo de unos 40 × 23 cm, de forma que uno de los lados más cortos quede de cara a usted. Con un cuchillo, salpique la masa con la manteca de cerdo y con pedazos más pequeños de mantequilla.

Mezcle las frutas secas, la cáscara y el azúcar, esparza la mezcla por la superficie de la masa y presione ligeramente con la mano. Doble el tercio inferior de la masa por encima, presione con suavidad y, a continuación, pliegue el tercio superior para formar un rectángulo de 3 capas. Dele una vuelta a la masa de 45 grados y vuelva a extenderla formando un rectángulo de tamaño similar. Doble los extremos hacia dentro como antes y vuelva a formar un rectángulo ligeramente inferior al tamaño de un molde poco profundo y engrasado de 28 × 18 cm. Introduzca la masa en el molde, cúbrala con plástico transparente impregnado en aceite y espere a que suba la mitad de su tamaño.

Pinte con un poco de leche y espolvoree con el azúcar extra. Precaliente el horno a 200 °C y hornee durante unos 45 minutos. Deje que repose en el molde durante 10 minutos y deje que se enfríe. Sírvalo templado y cortado en rebanadas grandes.

Para preparar un pan dulce de manteca de cerdo con jengibre, al elaborar la masa ralle 75 g de raíz de jengibre fresco y añádalo al molde junto con el agua. Trocee 50 g de tallos de jengibre y mézclelos con la fruta seca y el azúcar. Termine como se indica en la receta.

torta de manzana y moras

para **10 pociones**

tiempo **1 hora y 30 minutos-
2 horas y 30 minutos**,
dependiendo de la máquina,
más tiempo de moldeado,
reposo y horneado

para la **masa**

150 ml de **zumo de manzana**

1 **huevo**, batido

25 g de **mantequilla sin sal**,
ablandada

1 cucharada de **leche en polvo**

½ cucharadita de **surtido
de especias molidas**

300 g de **harina de fuerza
blanca para pan**

50 g de **azúcar blanquilla**

¾ de cucharadita de **levadura
seca de acción rápida**

para el **acabado**

50 g de **harina**

40 g de **mantequilla sin sal**,
firme

40 g de **azúcar blanquilla**,
más 2 cucharadas

600 g de **manzanas
para cocinar**

1 cucharada de **zumo de limón**

175 g de **moras**

Levante y extraiga el molde de pan, ajuste la cuchilla e incorpore los ingredientes, siguiendo el manual, e incorpore las especias y la harina. Encaje el molde en el interior de la máquina, cierre la tapa y seleccione el programa para masa.

Mezcle en un robot de cocina la harina, la mantequilla y 40 g de azúcar hasta que la mezcla comience a ligar y tenga una textura húmeda y granulada.

Finalizado el programa, vuelque la masa sobre una superficie enharinada y extiéndala formando un círculo. Engrase un molde para tarta de 26 cm y base desmontable e introduzca la masa de forma que sobresalga ligeramente por las paredes.

Pele, quíteles el corazón y parta en rodajas las manzanas e incorpórelas al zumo de limón con las 2 cucharadas restantes del azúcar. Coloque las rodajas por encima de la masa y esparza las moras. Vierta la mezcla de la harina, la mantequilla y el azúcar por encima, precaliente el horno a 200 °C, hornee durante 50-60 minutos hasta que esté bien cocinada (pinche el pastel para comprobarlo). Si la superficie empieza a dorarse demasiado, cúbrala con papel de aluminio.

Para preparar una torta de jengibre y ciruelas, prepare la masa como se indica en la receta, añadiendo 2 tallos de jengibre troceados en lugar del surtido de especias. Triture 100 g de galletas de jengibre en un robot de cocina. Agregue 50 g de mantequilla sin sal y 4 cucharadas de azúcar mascabado claro y triture hasta que la mezcla tenga una consistencia granulada. Una vez incorporada la masa al molde, esparza 450 g de ciruelas sin hueso y en rodajas. Vierta por encima la mezcla del jengibre y hornee como se indica en la receta.

pan de avellanas, sultanas y dátiles

para **1 pan grande**
tiempo **1-2 horas**, dependiendo
de la máquina

275 ml de **agua templada**
2 cucharadas de **aceite
de girasol**
1 cucharadita de **sal**
2 cucharadas de **leche en polvo**
25 g de **germen de trigo
tostado**
200 g de **harina de fuerza
integral**
200 g de **harina de fuerza
blanca para pan**
2 cucharadas de **azúcar
mascabado oscuro**
2 ¾ cucharaditas de **levadura
seca de acción rápida**
50 g de **avellanas**, tostadas
y partidas en pedazos grandes
100 g de **dátiles sin hueso**,
en rodajas
75 g de **sultanas**

Levante y extraiga el molde de pan, ajuste la cuchilla e incorpore los ingredientes al molde, siguiendo el orden que se especifica en el manual y añadiendo las avellanas, los dátiles y las sultanas y la harina.

Encaje el molde en el interior de la máquina, cierre la tapa y seleccione la opción del tamaño del pan de 750 g del programa de horneado rápido.

Finalizado el programa, levante y extraiga el molde de la máquina y desmolde el pan sobre una rejilla para que se enfríe.

Para preparar un pan de *amaretti* **y almendras de rápido horneado**, trocee en pedazos grandes 100 g de almendras sin escaldar. Introduzca en una bolsa de plástico 100 g de galletas de *amaretti* y macháquelas con un rodillo pastelero. Incorpore al molde de pan 175 ml de leche templada, 200 g de yogur griego, 50 g de mantequilla ablandada, ½ cucharadita de sal, 400 g de harina de fuerza blanca para pan, 25 g de azúcar mascabado claro y 2 ½ cucharaditas de levadura seca de acción rápida. Añada las almendras y las galletas machacadas junto con la harina y seleccione la opción del tamaño del pan de 750 g del programa de horneado rápido. Una vez horneado, espolvoree con azúcar lustre.

rollo con crema *frangipane* y cerezas

para **1 pan grande**

tiempo **1 hora y 30 minutos-
2 horas y 30 minutos**,
dependiendo de la máquina,
más tiempo de moldeado,
reposo y horneado

para la **masa**

250 ml de **agua**

1 **huevo**, batido

2 cucharadas de **mantequilla**,
a temperatura ambiente

½ cucharadita de **sal**

2 cucharadas de **leche en polvo**

500 g de **harina de fuerza
blanca para pan**

1 cucharada de **azúcar
blanquilla**

1 ¼ cucharaditas de **levadura
seca de acción rápida**

para el **relleno**

100 g de **mantequilla**,
a temperatura ambiente

100 g de **azúcar blanquilla**

1 **huevo**, batido

100 g de **almendras molidas**

½ cucharadita de **esencia
de almendras**

425 g de **cerezas negras**

para el **acabado**

3 cucharadas de **leche**

3 cucharadas de **almendras
fileteadas**

3 cucharadas de **azúcar lustre**

Levante y extraiga el molde de pan, ajuste la cuchilla e incorpore los ingredientes, siguiendo el manual. Encaje el molde en el interior de la máquina y seleccione el programa para masa.

Entretanto prepare el relleno de *frangipane* haciendo una crema con la mantequilla y el azúcar. Agregue el huevo, las almendras y la esencia de almendras y bata hasta que quede homogéneo.

Finalizado el programa, vuelque la masa sobre una superficie enharinada y extiéndala formando un rectángulo de unos 38 × 30 cm.

Unte la crema *frangipane* por encima de la masa, a una distancia de los bordes de aproximadamente 2 cm. Esparza las cerezas por la superficie y enrolle la masa comenzando por uno de los lados más largos. Retuerza la masa enrollada para formar un tirabuzón y pásela con cuidado a una fuente de horno engrasada. Cúbrala con plástico transparente impregnado en aceite y déjela en un lugar cálido durante 30-40 minutos.

Pinte con la leche, esparza las almendras fileteadas, precaliente el horno a 200 °C y hornee durante unos 25 minutos hasta que se dore y el pan suene a hueco al darle golpecitos con las puntas de los dedos. Transcurridos 15 minutos cúbralo con papel de aluminio si se está dorando demasiado. Páselo a una rejilla y espolvoree con azúcar lustre tamizada. Sírvalo templado o frío.

Para preparar un rollo de *frangipane* y albaricoques, agregue a la crema *frangipane* las semillas machacadas de 10 vainas de cardamomo y termine como se indica en la receta, sustituyendo las cerezas por 350 g de albaricoques frescos cortados en rodajas.

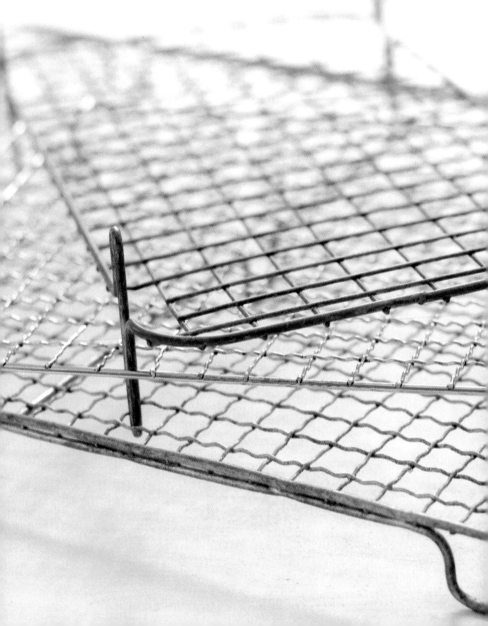

pasteles

pastel de madeira con almendras y cerezas

para **8 raciones**
tiempo **1 hora y 15 minutos**,
  dependiendo de la máquina,
  más tiempo de cocido

75 g de **cerezas negras secas**
75 ml de **zumo de manzana**
175 g de **mantequilla sin sal**,
  ablandada
175 g de **azúcar blanquilla**,
  más un poco para espolvorear
3 **huevos** grandes, batidos
225 g de **harina con levadura**
½ cucharadita de **levadura en polvo**
100 g de **almendras molidas**
1 cucharadita de **extracto de vainilla**

Ponga en una cazuela pequeña las cerezas y el zumo de manzana y caliente a fuego lento sin tapar durante 5 minutos hasta que las cerezas se hayan reventado ligeramente y el zumo se haya absorbido, y espere a que se enfríe.

Levante y extraiga el molde de pan, ajuste la cuchilla e incorpore los ingredientes al molde, a excepción de las cerezas, siguiendo el manual.

Encaje el molde en el interior de la máquina, cierre la tapa y seleccione el programa para pasteles. Transcurridos 5 minutos raspe la mezcla de las paredes y las esquinas del molde con una espátula de plástico e incorpore las cerezas al molde, una vez que el pastel esté mezclado de forma homogénea.

Transcurrida 1 hora y 15 minutos, compruebe el pastel insertando un pincho en el centro. Si sale limpio, el pastel está listo, en caso contrario, cueza durante un poco más de tiempo o complete el programa.

Pase el pastel a una rejilla para que se enfríe y sírvalo espolvoreado con el azúcar extra.

Para preparar un pastel de Madeira con nueces y café, prescinda de las cerezas y el extracto de almendra. Disuelva 1 cucharada de café expreso en polvo en 2 cucharadas de agua hirviendo y agréguelo al molde junto con el resto de los ingredientes. Prepare el pastel como se indica en la receta, añadiendo al molde 100 g de nueces partidas en pedazos grandes, una vez que el pastel se haya mezclado de forma homogénea. Termine como se indica la receta.

pastel con mermelada

para **8 raciones**

tiempo **1 hora y 15 minutos**,
dependiendo de la máquina

125 g de **avellanas**
100 g de **mermelada de cítricos**
con pedazos grandes o muy
triturada, más 4 cucharadas
100 g de **tallos de jengibre**,
en conserva y muy picados
175 g de **mantequilla sin sal**,
ablandada
75 g de **azúcar mascabado
claro**
3 **huevos**, batidos
225 g de **harina con levadura**
1 cucharadita de **levadura
en polvo**

Triture 75 g de avellanas en un robot de cocina y parta
en trozos grandes el resto.

Levante y extraiga el molde de pan, ajuste la cuchilla
e incorpore los ingredientes al molde, a excepción
de las 4 cucharadas de mermelada, siguiendo el manual.

Encaje el molde en el interior de la máquina, cierre la tapa
y seleccione el programa para pasteles. Después de unos
5 minutos raspe la mezcla de las paredes y las esquinas
del molde con una espátula de plástico.

Transcurrida 1 hora y 15 minutos, compruebe el pastel
insertando un pincho en el centro. Si sale limpio, el pastel está
listo, en caso contrario, cueza durante un poco más de tiempo
o complete el programa.

Pase el pastel a una rejilla. Derrita las 4 cucharadas de
mermelada extra en una cazuela pequeña con 1 cucharada
de agua. (Si lo desea, tamice la mermelada para quitarle los
trozos). Pinte la superficie del pastel y espere a que se enfríe.

Para preparar un pastel de queso crema con cítricos,
prepare el pastel como se indica en la receta y, a continuación,
bata en un cuenco 200 g de queso crema con la cáscara muy
rallada de 1 naranja y 200 g de azúcar lustre hasta que la
mezcla quede homogénea. Con una espátula unte el glaseado
por la superficie y los lados del pastel.

pastel afrutado jugoso

para **8-10 raciones**

tiempo unos **50 minutos**,
dependiendo de la máquina,
más tiempo de reposado

225 g de **surtido de frutas
secas**

150 g de **azúcar mascabado
claro**, más un poco para
espolvorear

4 cucharadas de **extracto
de malta**

125 g de **copos de salvado**
o **salvado triturado**

1 ½ cucharaditas de **surtido
de especias molidas**

350 ml de **leche**

200 g de **harina con levadura**

1 cucharadita de **levadura
en polvo**

Levante y extraiga el molde de pan, ajuste la cuchilla
e incorpore al molde la fruta seca, el azúcar, el extracto de
malta, el salvado, las especias y la leche. Remueva suavemente
para mezclarlo y deje que repose durante 20 minutos.

Incorpore la harina y la levadura en polvo, encaje el molde
en el interior de la máquina, cierre la tapa y seleccione
el programa para pasteles. Después de unos 5 minutos
raspe la mezcla de las paredes y las esquinas del molde
con una espátula de plástico.

Transcurridos 50 minutos, compruebe el pastel insertando
un pincho en el centro. Si sale limpio, el pastel está listo,
en caso contrario, cueza durante un poco más de tiempo
o complete el programa.

Pase el pastel a una rejilla y espolvoree con el azúcar extra.
Deje que se enfríe y sírvalo en rebanadas untadas con
mantequilla.

Para preparar un pastel de nueces pacanas y dátiles,
tueste ligeramente 100 g de nueces pacanas y pártalas
en pedazos grandes junto con 125 g de dátiles sin hueso.
Incorpore la mezcla al molde junto con el azúcar, el salvado,
las especias y la leche como se indica en la receta y sustituya
el extracto de malta por almíbar de dátiles. Antes de terminar,
espere a que se enfríe y continúe como se indica en la receta.

pastel de dulce de chocolate

para **10 raciones**
tiempo **1 hora** aproximadamente,
dependiendo de la máquina

para el **pastel**
75 g de **cacao en polvo**
75 g de **chocolate negro para fundir**, troceado
150 g de **mantequilla sin sal**, ablandada
250 g de **azúcar mascabado claro**
2 **huevos** grandes, batidos
200 g de **harina con levadura**
½ cucharadita de **levadura en polvo**

para el **glaseado**
200 g de **chocolate negro para fundir**
175 g de **azúcar lustre dorado**
150 g de **mantequilla sin sal**, ablandada

Bata en un cuenco el cacao en polvo con 225 ml de agua hirviendo hasta que quede homogéneo. Sin parar de remover, incorpore el chocolate troceado y espere a que se enfríe, sin parar de remover hasta que el chocolate se haya fundido.

Levante y extraiga el molde de pan, ajuste la cuchilla y agregue al molde los ingredientes del pastel.

Encaje el molde en el interior de la máquina, cierre la tapa y seleccione el programa para pasteles. Después de unos 5 minutos raspe la mezcla de las paredes y las esquinas del molde con una espátula de plástico.

Transcurrida 1 hora, compruebe el pastel insertando un pincho en el centro. Si sale limpio, el pastel está listo, en caso contrario, cueza durante un poco más de tiempo o complete el programa. Espere a que el pastel se enfríe ligeramente. Bata el azúcar lustre junto con la mantequilla e incorpore, batiendo, el chocolate. Divida el pastel por la mitad e intercale un cuarto del glaseado de chocolate. Páselo a una fuente de servir y con una espátula unte el resto del glaseado por la superficie y las paredes del pastel.

Para preparar un pastel de dulce de chocolate negro y blanco, prepare el pastel como se indica en la receta, mida 250 ml de nata para montar y vierta la mitad en una cazuela pequeña. Caliente a fuego lento hasta que empiece a hervir por los bordes, retírelo del fuego e incorpore 250 g de chocolate blanco troceado. Deje que repose hasta que el chocolate se haya derretido, remueva ligeramente y páselo a un cuenco. Espere a que se enfríe, agregue el resto de la nata, bata y utilice la mezcla para cubrir el pastel.

pastel de avena y jengibre con manzana y especias

para **8 raciones**

tiempo **1 hora**, dependiendo de la máquina, más tiempo de cocido

4 **manzanas de repostería**, como Granny Smith

5 cucharadas de **zumo de manzana**

¼ de cucharadita de **clavo molido**

175 g de **melaza negra**

150 g de **almíbar dorado**

75 g de **mantequilla sin sal**, ablandada

100 g de **harina integral con levadura**

100 g de **harina blanca con levadura**

1 cucharadita de **bicarbonato**

2 cucharaditas de **jengibre molido**

175 g de **copos de avena medianos**

Pele, quíteles el corazón, corte en rodajas las manzanas y póngalas en una cazuela pequeña junto con el zumo de manzana y el clavo molido. Llévelo a ebullición. Reduzca la temperatura y cueza a fuego lento sin tapar durante 5 minutos o hasta que las manzanas se hayan ablandado ligeramente. Escúrralas y espere a que se enfríen.

Levante y extraiga el molde de pan, ajuste la cuchilla e incorpore la melaza, el almíbar, la mantequilla, la harina, el bicarbonato, el jengibre y los copos de avena.

Encaje el molde en el interior de la máquina, cierre la tapa y seleccione el programa para pasteles. Después de unos 5 minutos raspe la mezcla de las paredes y las esquinas del molde con una espátula de plástico e incorpore las manzanas, sin dejar de remover.

Transcurrida 1 hora, compruebe el pastel insertando un pincho en el centro. Si sale limpio, el pastel está listo, en caso contrario, cueza durante un poco más de tiempo o complete el programa. Pase el pastel a una rejilla para que se enfríe.

Para preparar un pastel de avena y jengibre con ciruelas pasas al brandy, trocee en pedazos grandes 200 g de ciruelas pasas. Prepare la mezcla del pastel como se indica en la receta, pero sustituya el primer paso y añadiendo las ciruelas, 2 cucharadas de brandy y la cáscara rallada de 1 naranja junto con el resto de los ingredientes.

pastel de frutas tropicales almibarado

para **8-10 raciones**
tiempo **1 hora y 15 minutos**,
 dependiendo de la máquina

125 g de **surtido de frutas
 tropicales semi secas**, como
 mango, papaya y piña
100 g de **crema de coco**
150 g de **mantequilla sin sal**,
 ablandada
175 g de **azúcar dorado**
3 **huevos**, batidos
la cáscara muy rallada de
 3 **limas**, más 4 cucharadas
 de zumo
225 g de **harina con levadura**
1 cucharadita de **levadura
 en polvo**
4 cucharadas de **azúcar
 blanquilla**, para espolvorear

Trocee el surtido de frutas tropicales, si vienen en pedazos grandes. Si la crema de coco se presenta en un bloque sólido, introdúzcalo en el microondas a media potencia durante 2-3 minutos Para preparar una crema homogénea.

Levante y extraiga el molde de pan, ajuste la cuchilla e incorpore la mitad de las frutas troceadas, la crema de coco, la mantequilla, 175 g de azúcar blanquilla, los huevos, la cáscara de las limas, la harina y la levadura en polvo.

Encaje el molde en el interior de la máquina, cierre la tapa y seleccione el programa para pasteles. Después de unos 5 minutos raspe la mezcla de las paredes y las esquinas del molde con una espátula de plástico e incorpore la fruta tropical restante.

Transcurrida 1 hora y 15 minutos, compruebe el pastel insertando un pincho en el centro. Si sale limpio, el pastel está listo, en caso contrario, cueza durante un poco más de tiempo o complete el programa. Pase el pastel a una rejilla y espere a que se enfríe.

Mientras el pastel continúe caliente, rocíe la superficie con el zumo de lima, espolvoree con el azúcar y espere a que se enfríe.

Para preparar un pastel de coco y limón almibarado, prescinda de las frutas tropicales y utilice la cáscara de 3 limones en lugar de la lima, y azúcar blanquilla en lugar del azúcar dorado. Mientras el pastel se esté cociendo, mezcle 4 cucharadas de zumo de limón con 4 cucharadas de azúcar blanquilla, pase el pastel a una rejilla y rocíe por encima el almíbar de limón.

falso *stollen*

para **1 pan grande**
tiempo **2 horas y 45 minutos-**
3 horas y 15 minutos,
dependiendo de la máquina

para la **masa**
1 **huevo**, batido
175 ml de **leche**
50 g de **mantequilla**, derretida
½ cucharadita de **sal**
la cáscara rallada de 1 **limón**
½ cucharadita de **nuez**
   moscada, rallada
4 **vainas de cardamomo**,
   sólo las semillas machacadas
375 g de **harina de fuerza**
   blanca para pan
50 g de **azúcar blanquilla**
1 ¼ cucharaditas de **levadura**
   seca de acción rápida
75 g de **surtido de frutas secas**
50 g de **cerezas glaseadas**,
   partidas en pedazos grandes
75 g de **mazapán** amarillo,
   en dados

para el **acabado**
1 cucharada de **mantequilla**
2 cucharadas de **azúcar lustre**,
   para espolvorear

Levante y extraiga el molde de pan, ajuste la cuchilla e incorpore los ingredientes de la masa al molde, a excepción de la fruta seca y el mazapán, como indica el manual.

Encaje el molde en el interior de la máquina, cierre la tapa y seleccione la opción del tamaño del pan de 750 g del programa para dulces.

Agregue la fruta seca y el mazapán, en pequeños lotes para que la cuchilla no se atasque, cuando la máquina pite.

Finalizado el programa, levante y extraiga el molde de la máquina y desmolde el pan sobre una rejilla. Unte la superficie con mantequilla, espolvoree con abundante azúcar lustre tamizada y espere a que se enfríe.

Para preparar mini bocados de *stollen*, prepare el pastel como se indica en la receta, pero seleccionando el programa para masa y añadiendo la fruta y el mazapán cuando la máquina pite. Vuelque la masa sobre una superficie enharinada y extiéndala para que encaje en una bandeja de horno poco profunda de 28 x 18 cm. Colóquela en el molde ejerciendo presión en las esquinas. Cúbrala sin presionar con plástico transparente impregnado en aceite y espere a que suba la mitad de su tamaño. Precaliente el horno a 200 °C, hornee durante 20-25 minutos hasta que se dore y páselo a una rejilla para que se enfríe. Sírvalo cortado en 4 pedazos y espolvoreado con abundante azúcar lustre.

panes sin gluten

pan de guisantes con especias picadas

para **1 pan grande**
tiempo **1-2 horas**, dependiendo
de la máquina

200 g de **guisantes** cocidos
350 ml de **agua** templada
2 **huevos**, batidos
4 cucharadas de **aceite de oliva**
1 ½ cucharaditas de **sal**
la cáscara muy rallada
de 1 **limón**
1 cucharadita de **cúrcuma**
molida
2 cucharaditas de **semillas**
de comino, picadas
2 cucharaditas de **semillas**
de cilantro, picadas
15 g de **hojas de cilantro**,
troceadas
400 g de **harina para pan**
sin trigo ni gluten
2 cucharaditas de **azúcar**
blanquilla
2 cucharaditas de **levadura seca**
de acción rápida

Triture los guisantes en un robot de cocina o elaborando
un puré en un cuenco con un tenedor.

Levante y extraiga el molde de pan, ajuste la cuchilla e incorpore
los ingredientes al molde, siguiendo el manual para panes
sin gluten.

Encaje el molde en el interior de la máquina, cierre la tapa y
seleccione la opción del tamaño del pan de 750 g del programa
de horneado rápido.

Finalizado el programa, levante y extraiga el molde de la
máquina y desmolde el pan sobre una rejilla para que se enfríe.

Para preparar mantequilla con hierbas y chile, para untar
el pan, bata en un cuenco 125 g de mantequilla ablandada,
agregue 1 chile suave sin semillas y muy picado, 3 cucharadas
de cebollinos cortados con tijera, 2 cucharadas de perejil
muy picado, 1 cucharada de menta troceada y un poco
de sal. Bata hasta que la mezcla quede homogénea y pásela
a un plato pequeño. Tápela y refrigérela hasta que esté lista
para servir.

pan blanco simple sin gluten

para **1 pan grande**
tiempo **1-2 horas**, dependiendo
de la máquina

para la **masa**
2 **huevos**, batidos
375 ml de **leche** templada
1 cucharadita de **zumo de limón**
25 g de **mantequilla sin sal**,
ablandada
1 ½ cucharaditas de **sal**
400 g de **harina blanca**
para pan sin gluten
100 g de **harina de arroz**
o **harina de quinoa**
1 cucharada de **azúcar**
blanquilla
2 cucharaditas de **levadura seca**
de acción rápida

para el **acabado**
mantequilla derretida,
para pincelar
semillas de sésamo o **de**
amapola, para espolvorear

Levante y extraiga el molde de pan, ajuste la cuchilla e incorpore los ingredientes de la masa al molde, siguiendo el manual para panes sin gluten.

Encaje el molde en el interior de la máquina, cierre la tapa y seleccione la opción del tamaño del pan de 750 g del programa de horneado rápido.

Finalizado el programa, levante y extraiga el molde de la máquina, desmolde el pan sobre una rejilla, pinte la superficie con mantequilla y espolvoree con las semillas de sésamo o de amapola.

Para preparar un pan blanco sin gluten con semillas, tueste en seco ligeramente 3 cucharadas de semillas de sésamo e incorpórelas al molde de pan junto con la harina y 2 cucharadas de linaza, 2 cucharadas de pipas de girasol y 2 cucharadas de pipas de calabaza. Una vez extraído el pan del molde, pinte con la mantequilla y espolvoree con el resto de las semillas.

pan de maíz con pimientos rojos asados

para **1 pan grande**

tiempo **1-2 horas**, dependiendo de la máquina, más tiempo de cocido

1 **pimiento rojo**, vaciado, sin semillas y cortado en 4 pedazos

1 cucharada de **aceite de oliva**

2 **huevos**, batidos

350 ml de **leche**, templada

50 g de **mantequilla sin sal**, derretida

1 cucharadita de **sal**

50 g de **queso parmesano**, rallado

1 **chile rojo** grande, suave, sin semillas y cortado en pedazos pequeños

1 cucharadita de **vinagre de vino blanco** o de **vinagre de malta**

125 g de **maíz molido** (masa harina)

300 g de **harina para pan sin trigo ni gluten** con goma natural

2 cucharaditas de **azúcar blanquilla**

2 cucharaditas de **levadura seca de acción rápida**

4 **cebolletas**, troceadas

mantequilla derretida, para pincelar

Ponga los cuartos del pimiento en una rejilla de grill con la piel hacia arriba, pinte con el aceite y ase durante 10 minutos, hasta que las pieles se oscurezcan. Envuélvalos en papel de aluminio, espere a que se enfríen, quíteles la piel y trocee la carne en pedazos grandes.

Levante y extraiga el molde de pan, ajuste la cuchilla e incorpore los ingredientes al molde, siguiendo el manual para panes sin gluten y añadiendo el pimiento troceado y las cebolletas junto con el azúcar y la harina.

Encaje el molde en el interior de la máquina, cierre la tapa y seleccione la opción del tamaño del pan de 750 g del programa de horneado rápido.

Finalizado el programa, levante y extraiga el molde de la máquina, desmolde el pan sobre una rejilla, pinte la superficie con la mantequilla y dórelo en el grill si lo desea. Espere a que se enfríe.

pan glaseado con canela y pera

para **1 pan grande**

tiempo **1-2 horas**, dependiendo de la máquina, más tiempo de remojado

100 g de **peras secas**, troceadas

100 g de **sultanas**

400 ml de **té** caliente, fuerte

1 **huevo**, batido

25 g de **mantequilla sin sal**, ablandada

¼ de cucharadita de **sal**

2 cucharaditas de **canela molida**

375 g de **harina blanca para pan sin gluten**

75 g de **azúcar mascabado claro**

1 ½ cucharaditas de **levadura seca de acción rápida**

azúcar lustre, para espolvorear

Ponga las peras troceadas y las sultanas en un cuenco junto con el té caliente y déjelas en remojo durante 1 hora.

Levante y extraiga el molde de pan, ajuste la cuchilla e incorpore los ingredientes al molde, siguiendo el manual para panes sin gluten y agregando las sultanas junto con las peras y el líquido.

Encaje el molde en el interior de la máquina, cierre la tapa y seleccione la opción del tamaño del pan de 750 g del programa de horneado rápido.

Finalizado el programa, levante y extraiga el molde de la máquina y desmolde el pan sobre una rejilla. Sírvalo recién horneado o tostado y untado con mantequilla.

Para preparar un pan con jengibre y chocolate blanco, omita las peras y aumente la cantidad de sultanas a 200 g, dejándolas en remojo en 400 ml de té caliente fuerte. Trocee 150 g de chocolate blanco, prepare el pan como se indica en la receta, sustituyendo 25 g de la harina sin gluten por cacao en polvo y añadiendo el chocolate troceado cuando la máquina pite.

pan de albaricoque, yogur y aceite de girasol

para **1 pan grande**

tiempo **1-2 horas**, dependiendo de la máquina

250 ml de **agua** templada

2 **huevos**, batidos

4 cucharadas de **aceite de girasol**

150 ml de **yogur griego**, más un poco como acompañamiento (opcional)

1 cucharadita de **sal**

475 g de **harina para pan sin gluten ni trigo** con goma natural añadida

2 cucharadas de **azúcar mascabado claro**

2 cucharaditas de **levadura seca de acción rápida**

50 g de **pipas de girasol**

125 g de **albaricoques secos** listos para consumir y cortados en dados

azúcar lustre, para espolvorear

Levante y extraiga el molde de pan, ajuste la cuchilla e incorpore los ingredientes al molde, siguiendo el manual para panes sin gluten y agregando las pipas y los albaricoques junto con el azúcar y la levadura.

Encaje el molde en el interior de la máquina, cierre la tapa y seleccione la opción del tamaño del pan de 750 g del programa de horneado rápido.

Finalizado el programa, levante y extraiga el molde de la máquina y desmolde el pan sobre una rejilla. Espolvoree con el azúcar lustre, hágalo al grill hasta que se dore y deje que se enfríe. Si lo desea, sírvalo acompañado de yogur griego, arándanos y miel.

Para preparar un pan de desayuno con frutas tropicales, trocee en pedazos pequeños 175 g de frutas tropicales semisecas (como mango, papaya y piña). Prepare el pan como se indica en la receta, sustituyendo los albaricoques y las pipas de girasol, y el yogur griego por yogur con sabor a fruta tropical.

pan de hierbas con tomates secados al sol

para **1 pan grande**

tiempo **1-2 horas**, dependiendo
de la máquina, más tiempo
de remojado

75 g de **trigo sarraceno**

250 ml de **agua** templada

2 **huevos**, batidos

75 g de **pasta de tomates secados al sol**

25 g **mantequilla sin sal**, ablandada

1 cucharadita de **sal de apio**

300 g de **harina para pan sin gluten**

2 cucharaditas de **azúcar blanquilla**

2 cucharaditas de **levadura seca de acción rápida**

un puñado pequeño de **hierbas frescas**, troceadas, como perejil, perifollo, romero, cebollino y orégano.

50 g de **tomates secados al sol** en aceite de oliva, escurridos y cortados en rodajas

Ponga en un cuenco el trigo sarraceno y añada 100 ml de agua hirviendo. Deje que empape durante 20 minutos hasta que el agua se haya absorbido.

Levante y extraiga el molde de pan, ajuste la cuchilla e incorpore al molde el trigo sarraceno junto con el resto de los ingredientes, a excepción de las hierbas y las rodajas de tomate, siguiendo el manual para panes sin gluten.

Encaje el molde en el interior de la máquina, cierre la tapa, seleccione la opción del tamaño del pan de 750 g del programa de horneado rápido e incorpore las hierbas y las rodajas de tomate cuando la máquina pite.

Finalizado el programa, levante y extraiga el molde de la máquina y desmolde el pan sobre una rejilla para que se enfríe.

Para preparar pan de piñones al pesto, tueste en seco en una sartén 75 g de piñones y deje que se enfríen. Empape el trigo sarraceno en el agua como se indica en la receta e incorpórelo a la máquina con 2 huevos, 250 ml de agua templada, 75 g de pesto verde, 25 g de mantequilla muy blanda, 1 cucharadita de sal de apio, 1 cucharadita de pimienta negra recién molida, los piñones, romero, 300 g de harina para pan sin gluten, 2 cucharaditas de azúcar blanquilla y 2 cucharaditas de levadura seca de acción rápida y termine como se indica en la receta.

pan con verduras asadas y arroz salvaje

para **1 pan pequeño**

tiempo **1 hora y 45 minutos-
2 horas**, dependiendo de
la máquina, más tiempo
de cocido

150 g de **surtido de verduras
asadas**, escurridas si vienen
en aceite o son caseras
(*véase* más abajo)

50 g de **arroz salvaje**

3 cucharadas de **aceite de oliva**

2 **huevos**, batidos

250 ml de **leche**

200 g de **harina de maíz**
o **polenta**

150 g de **harina de arroz**

1 cucharadita de **sal**

1 cucharada de **levadura
en polvo sin gluten**

1 cucharadita de **pimentón
picante**, más un poco
para espolvorear

Trocee las verduras, si vienen en pedazos grandes.
Cueza el arroz en agua hirviendo durante 20 minutos
hasta que esté tierno, escúrralo y espere a que se enfríe.

Levante y extraiga el molde de pan, ajuste la cuchilla e incorpore
los ingredientes al molde, a excepción de las verduras asadas,
como se indica en el manual.

Encaje el molde en el interior de la máquina, cierre la tapa
y seleccione el programa para pasteles. Después de 5 minutos
aproximadamente raspe la mezcla de las paredes y las
esquinas del molde con una espátula de plástico. Incorpore
las verduras y espolvoree con el pimentón una vez que
el pastel se haya mezclado de forma homogénea.

Transcurrida 1 hora y tres cuartos, compruebe el pastel
insertando un pincho en el centro. Si sale limpio, el pastel está
listo, en caso contrario, cueza durante un poco más de tiempo
o complete el programa.

Finalizado el programa, levante y extraiga el molde de
la máquina y desmolde el pan sobre una rejilla para que se
enfríe. Sírvalo templado y, si lo desea, untado con mantequilla.

Para preparar verduras asadas caseras, quíteles las
semillas a 3 pimientos y trocéelos. Espárzalos en el interior
de una bandeja para asar con 2 calabacines en rodajas
finas y 1 cebolla roja pequeña cortada en cuñas. Rocíe con
2 cucharadas de aceite de oliva y espolvoree 1 cucharadita
de tomillo troceado y 1 cucharadita de semillas de hinojo
o de cilantro, picadas. Precaliente el horno a 200 °C y ase
durante 50-60 minutos hasta que estén tiernas y comiencen
a dorarse. Espere a que se enfríen y refrigérelas hasta 3 días.

pan a las hierbas

para **1 pan grande**
tiempo **1-2 horas**, dependiendo
de la máquina, más
tiempo de cocido

150 g de **chirivías**
400 ml de **leche templada**
2 cucharadas de **aceite
de oliva**
1 cucharadita de **sal**
200 g de **harina de guisantes**
300 g de **harina para pan
sin gluten**
4 cucharadas de **surtido
de hierbas**
1 cucharadita de **azúcar
blanquilla**
2 ½ cucharaditas de **levadura
seca de acción rápida**

Pele y corte en dados las chirivías. Cuézalas en una cazuela
con agua hirviendo durante 10 minutos, escúrralas y prepare
un puré.

Levante y extraiga el molde de pan, ajuste la cuchilla e incorpore
los ingredientes al molde, siguiendo el manual para panes
sin gluten y añadiendo el puré de chirivías junto con el agua.

Encaje el molde en el interior de la máquina, cierre la tapa y
seleccione la opción del tamaño del pan de 750 g del programa
de horneado rápido.

Finalizado el programa, levante y extraiga el molde de la
máquina y desmolde el pan sobre una rejilla para que se enfríe.
Si el pan tiene un tono pálido al extraerlo de la máquina, pinte
la superficie con un poco de mantequilla derretida o aceite
y hágalo al grill hasta que se dore.

Para preparar un pan de patata con especias, sustituya
el puré de chirivías por la misma cantidad de puré de
patatas. Pique 2 cucharaditas de semillas de comino y
2 cucharaditas de semillas de cilantro en un mortero
y mézclelo con ½ cucharadita de chiles secos picados.
Incorpore la mezcla al molde en lugar del surtido de hierbas
y sustituya la sal por sal de apio. Continúe como se indica
en la receta.

pan de maíz con chile

para **1 pan grande**
tiempo **1 hora y 45 minutos-
2 horas**, dependiendo
de la máquina

2 **huevos**, batidos
150 ml de **yogur natural**
300 ml de **leche**
50 g de **mantequilla sin sal**,
ablandada
50 g de **queso parmesano**,
rallado
1 cucharada de **azúcar
blanquilla**
150 g de **harina de maíz
amarilla**
250 g de **harina**
3 cucharaditas de **levadura
en polvo**
1 cucharadita de **bicarbonato**
1 cucharadita de **sal**
pimienta negra
2 **chiles secos** enteros
y grandes, troceados
en pedazos pequeños
6 **cebolletas**, cortadas
en pedazos pequeños

Levante y extraiga el molde de pan, ajuste la cuchilla e
incorpore los ingredientes al molde, a excepción de los chiles
y las cebolletas, siguiendo el manual para panes sin gluten.

Encaje el molde en el interior de la máquina, cierre la tapa
y seleccione el programa para pasteles. Después de 5 minutos
aproximadamente raspe la mezcla de las paredes y las esquinas
del molde con una espátula de plástico e incorpore los chiles
y las cebolletas.

Compruebe el pan 15 minutos antes de que el programa
termine, insertando un pincho en el centro. Si sale limpio,
el pastel está listo, en caso contrario, espere a que el programa
finalice y vuélvalo a comprobar.

Levante y extraiga el molde de la máquina y desmolde
el pan sobre una rejilla para que se enfríe. Si lo desea,
sírvalo con cuencos de chile.

Para preparar un pan de maíz a las cinco especias,
prescinda de los chiles y utilice una cebolla roja muy picada
en lugar de las cebolletas. Pique en un mortero 1 cucharadita
de chiles secos machacados, 2 cucharaditas de semillas de
comino, 2 cucharaditas de semillas de cilantro, 1 cucharadita
de semillas de mostaza negra y 1 cucharadita de semillas de
apio, incorpore la mezcla en una sartén para freír en seco y
caliente durante un par de minutos para tostar ligeramente
las semillas. Agréguelas al molde de pan junto con la harina.

índice

agradecimientos

Editora ejecutiva. Nicola Hill
Editora en jefe: Lisa John
Editora artística ejecutiva. Penny Stock
Diseñador: Cobalt
Fotógrafo: William Shaw
Especialista en economía doméstica: Joanna Farrow
Estilista de accesorios: Liz Hippisley

Fotografía especial: © Octopus Publishing Group
Limited/William Shaw.

Otras fotografías: © Octopus Publishing Group Limited/Ian
Wallace 25, 47, 65, 87, 89, 141, 143, 175, 223, 227; Stephen
Conroy 23, 29, 45, 96, 101, 105, 117, 127, 153, 177, 185,
235.